Sandeep Kautish
Ramandeep Kaur

Análise de sentimentos - da teoria à prática

Sandeep Kautish
Ramandeep Kaur

Análise de sentimentos - da teoria à prática

ScienciaScripts

Imprint

Any brand names and product names mentioned in this book are subject to trademark, brand or patent protection and are trademarks or registered trademarks of their respective holders. The use of brand names, product names, common names, trade names, product descriptions etc. even without a particular marking in this work is in no way to be construed to mean that such names may be regarded as unrestricted in respect of trademark and brand protection legislation and could thus be used by anyone.

Cover image: www.ingimage.com

This book is a translation from the original published under ISBN 978-3-330-35003-8.

Publisher:
Sciencia Scripts
is a trademark of
Dodo Books Indian Ocean Ltd. and OmniScriptum S.R.L publishing group

120 High Road, East Finchley, London, N2 9ED, United Kingdom
Str. Armeneasca 28/1, office 1, Chisinau MD-2012, Republic of Moldova, Europe
Printed at: see last page
ISBN: 978-620-7-62156-9

Análise de sentimentos - da teoria à prática

Prefácio

É incessantemente curioso ver o que os outros pensam. O reconhecimento e a acessibilidade de recursos ricos em opiniões, como os sítios de crítica em linha e os blogues pessoais, estão a crescer a um ritmo acelerado. Isto conduz a novas oportunidades e dificuldades, uma vez que as pessoas podem, e utilizam, ativamente as tecnologias da informação para procurar e compreender as opiniões dos outros. A rápida erupção de atividade entre a área da análise de sentimentos e a análise de sentimentos, a análise de sentimentos tornou-se maciçamente uma das áreas de análise mais activas no método linguístico. Além disso, é amplamente estudada no processamento, na extração da Web e na extração de texto. De facto, a sua importância para as empresas e para a sociedade em geral tem vindo a aumentar desde a tecnologia até às ciências de gestão e às ciências sociais. Este livro aborda formas que prometem modificar diretamente os sistemas de procura de informação orientados para a opinião. O nosso foco está nas formas que convidam a perturbar os novos desafios levantados pelas aplicações conscientes do sentimento, em comparação com as pessoas que já estão presentes na análise extra antiga baseada em factos. A classificação e a extração são adicionalmente exploradas em profundidade. O texto de apoio à análise de sentimentos, as imagens e o multimodal são mencionados em pormenor. As oportunidades e dificuldades multimodais são esclarecidas. A tendência é para incluir material sobre a sumarização de textos críticos e são mencionadas numerosas abordagens de sumarização. Questões alternativas relativas ao impacto financeiro que o acontecimento de serviços de acesso à informação orientados para a opinião suscita. Para facilitar as tendências futuras, é apresentada uma discussão aprofundada sobre a referência da análise de sentimentos e são esclarecidas novas direcções. Este livro é aceitável para estudantes, investigadores e profissionais associados. Quem tem interesse na análise dos media sociais em geral e na análise de sentimentos em particular? Como prova disso, este livro abrange várias referências de todas as principais conferências e revistas.

Índice

INTRODUÇÃO

1.1 Análise de sentimentos

A análise de sentimentos consiste em analisar as emoções e a perspetiva de um orador ou de um autor a partir de um determinado texto. "A análise de sentimentos ou a exploração de opiniões refere-se à aplicação do processo linguístico, da linguística e da análise de texto para detetar e extrair informações subjectivas em materiais de fornecimento". Este domínio da tecnologia trata de analisar e prever a informação oculta contida no texto. Estas informações ocultas fornecem informações valiosas sobre as intenções, o estilo e as probabilidades do utilizador. A Análise de Sentimentos é especializada na categorização do texto em termos de natureza subjectiva e objetiva. O julgamento indica que o texto tem conteúdo de opinião, enquanto a perspicácia indica que o texto não tem conteúdo de opinião [1].

Alguns exemplos

1. Subjetivo - Este filme de Tom Cruise e Angelina Jolie é excelente.

(Esta frase tem uma opinião, fala sobre o filme e também sobre as emoções do escritor em relação ao mesmo "grande" e, portanto, é subjectiva)

2. Objetivo - Este filme é protagonizado por Tom Cruise e Angelina.

(Esta frase pode ser uma realidade, uma informação geral em vez de uma opinião ou uma leitura de um indivíduo e, por conseguinte, o seu objetivo)

O texto subjetivo pode ainda ser categorizado em três grandes classes, de acordo com as emoções expressas no texto.

1. **Positivo- Gosto** de olhar para a série Star.

2. **Negativo-** O filme foi horrível.

3. **Neutro** - Normalmente, fico com fome ao fim da tarde. (Esta frase tem as opiniões e emoções do utilizador, pelo que é subjectiva, mas como não tem polaridade positiva ou negativa, é neutra).

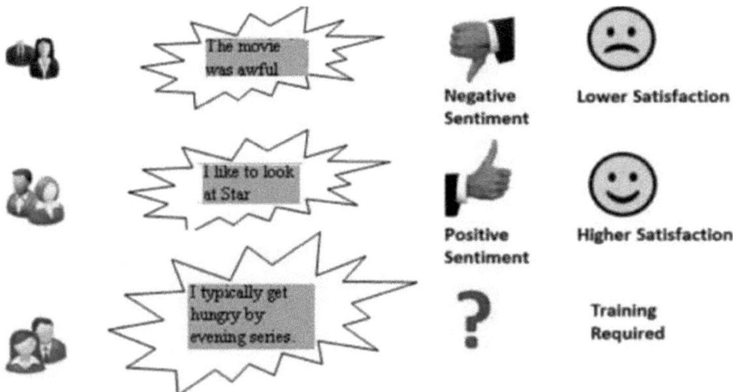

Figura 1: Mostrar a polaridade dos sentimentos [1]

Terminologia básica da análise de sentimentos:

• Opinião: Uma conclusão pensada, mas uma contestação recetiva (-cada perito deu a impressão de ter uma opinião única).

• Ponto de vista: opinião subjectiva (-muito assertivo na exposição dos seus pontos de vista).

• Crença: aceitação deliberada e assentimento intelectual (-uma crença firme na sua plataforma de projeto).

• Sentimento: uma opinião estabelecida que reflecte os sentimentos de uma pessoa (-os seus sentimentos modestos são bem conhecidos).

1.2 Precisa de informações sobre sentimentos e opiniões

"Qual é a opinião de outras pessoas" tem sido sempre uma parte muito importante do processo de tomada de decisões. Antes da rede mundial de computadores, procurávamos recomendações junto de outras pessoas. No entanto, a Internet e a Web criaram atualmente (entre outras coisas) a possibilidade de pesquisar as opiniões e experiências das pessoas a uma escala descomunal. E, inversamente, muitas e muitas pessoas estão a dar as suas opiniões sobre o mercado a estranhos através da Internet.

Sempre que lançamos uma iniciativa para recolher conhecimentos dos nossos trabalhadores, tentamos recolher o máximo de conhecimentos qualitativos possível. Entrevistas, equipas de discussão, etc., são boas estratégias para o conseguir. A ideia é que o conhecimento qualitativo fornece muito mais informações do que o conhecimento quantitativo. No entanto, a extensão do seu investimento de tempo necessário para realizar entrevistas e equipas de discussão em toda a organização dissuade as empresas de usurparem tal iniciativa. Assim, a forma mais económica de obter informações dos trabalhadores é através de um inquérito. Isto é verdade quando estamos a tentar perceber se os nossos trabalhadores estão ou não empenhados e o que podemos fazer para o aumentar.

No entanto, mesmo depois de planearem um inquérito objetivo, as organizações continuam a procurar obter comentários qualitativos do pessoal. Atualmente, isto parece ser uma configuração honesta, uma vez que este passo ajuda a aumentar os resultados quantitativos com conhecimentos qualitativos. No entanto, uma questão importante que se coloca aqui é o que é que as empresas fazem com o conhecimento qualitativo que é gerado através destes inquéritos? A probabilidade é que ou este conhecimento passe despercebido, com o foco principal apenas na investigação direta do conhecimento quantitativo, ou que este conhecimento seja analisado manualmente de forma meticulosa por um indivíduo ou uma equipa [2].

Vamos analisar cada uma destas perspectivas. Se este conhecimento for descartado, então isso é uma perda precisa de informação valiosa que poderia ter ajudado a organização a criar um maior apelo à interação com os seus trabalhadores. Por outro lado, se este conhecimento for analisado manualmente, o método completo torna-se demasiado entediante. Normalmente, num inquérito sobre o envolvimento dos trabalhadores, existem, em média, dois comentários por trabalhador. Isto significa que obteríamos 1000 comentários para uma iniciativa de inquérito com 500 trabalhadores! Além disso, estes comentários variam entre uma única palavra, um parágrafo e, normalmente, secções ainda mais longas com explicações cuidadosas. A análise manual de conhecimentos dessa proporção não é apenas uma sobrecarga de tempo, mas também propensa a erros humanos que resultam numa identificação incorrecta. Como alguns possivelmente argumentariam, uma identificação incorrecta causará muitos danos do que nenhuma identificação em qualquer aspeto. Perante este desafio, imagine um estado de coisas em que se pode simplesmente inserir os seus comentários qualitativos num sistema e, numa questão de segundos, obter a análise de sentimento de dados idênticos!

Então, o que é exatamente a análise de sentimentos, perguntará?

Em termos simples, a análise de sentimentos é o método que caracteriza a emoção subjacente à informação que está a ser analisada. No que diz respeito aos inquéritos sobre o envolvimento dos trabalhadores, funciona da seguinte forma: um comentário qualitativo criado pelo pessoal é introduzido no sistema. Em segundos, o sistema gera um gráfico (como a imagem fornecida no topo) que inclui a decomposição dos sentimentos essenciais nesses comentários. O conhecimento é colocado em 3 categorias principais: positivo, negativo e neutro. Além disso, tendemos a atribuir ao utilizador uma pontuação geral de sentimento que ajuda as organizações a compreender a emoção global dos seus trabalhadores, antes de nos aprofundarmos nas três classes acima referidas. Além disso, a análise de sentimentos fornece-lhe as palavras/frases específicas que representam a análise de todas as 3 classes. A análise de sentimentos pode ser uma óptima ferramenta para uma empresa compreender a emoção dos seus trabalhadores e tomar medidas correctivas para salvar o acontecimento, enquanto investe os pontos fortes [2].

1.2 Antecedentes

Descobriu-se que os principais estudos académicos que medem as opiniões públicas foram realizados durante e após a Segunda Guerra Mundial e que a sua motivação é de natureza muito política [3]. Descobrimos que as raízes da análise de sentimentos estão nos estudos sobre a análise da opinião pública no início do século XX e na análise da subjetividade do texto realizada pela comunidade de linguística computacional na década de 1990. Os esforços para captar a opinião pública, quantificando-a e medindo-a a partir de questionários, surgiram nas primeiras décadas do século XX, tendo sido criada uma revista científica sobre opinião pública em 1937. Antes do ano 2000, muito poucas análises tinham sido efectuadas para explorar as opiniões. De acordo com Liu [4], o termo análise de sentimentos surgiu inicialmente em [5], embora já existissem estudos anteriores que exploravam o sentimento dos textos. A erupção da análise de sentimentos contemporânea ocorreu apenas em meados dos anos 2000, e teve como alvo as revisões de mercadorias obtidas na rede, por exemplo, desde então, a utilização da análise de sentimentos atingiu várias áreas diferentes, como reacções a revisões online e também a previsão de mercados monetários [6]. Além disso, a análise que sobrepõe a análise de sentimentos e o processo linguístico tem abordado várias questões que contribuem para a pertinência da análise de sentimentos, como a deteção de ironia [7] e o apoio multilingue [8]. Além disso, no que se refere às emoções, os esforços têm vindo a avançar da simples deteção de polaridade para muitas nuances avançadas de emoções e para a diferenciação de emoções negativas como a raiva e a tristeza.

Figura 2: Os dados do Google Trends (www.google.com/trends) mostram a popularidade das cadeias de pesquisa "sentiment analysis" e "customer feedb

1.3 Análise de sentimento: Uma desvantagem difícil

A análise neste domínio começou com a classificação de sentimentos e julgamentos, que tratou a questão como um problema de classificação de texto. A classificação de sentimento classifica se um documento (e.g., avaliações de produtos) ou uma frase expressa uma opinião positiva ou negativa [9]. A classificação de julgamento determina se uma frase é subjectiva ou objetiva [10]. No entanto, várias aplicações da vida real necessitam de uma análise muito cuidadosa, uma vez que o utilizador deseja normalmente compreender em que é que as opiniões são expressas [11, 12]. Por exemplo, a partir da análise de um produto, pretende-se perceber quais as opções da mercadoria que são elogiadas e criticadas pelos compradores. Informações adicionais, como as palavras mais populares numa conversa ou quem a está a influenciar, raramente são incluídas em resumos de notícias baseados na análise de sentimentos. E parte do problema de colocar os tweets em categorias "positivas ou negativas", como os jornalistas (incluindo eu) pedem frequentemente às empresas de análise de dados, é que o processamento da linguagem natural é muito difícil de fazer sem contexto. Um tweet tem apenas 140 caracteres e muitos deles contêm abreviaturas ou palavras que podem ser utilizadas para transmitir sentimentos muito diferentes consoante o local ou a idade.

Vários factores alternativos que criam uma série de complicações são:

- **Dados não estruturados** - o conhecimento no mercado da World Wide Web é implausivelmente não estruturado, existem tipos de conhecimento totalmente diferentes que se referem a entidades, pessoas, lugares, coisas e eventos idênticos. A World Wide Web contém informações de fontes totalmente diferentes, desde livros, jornais, documentos da Internet, registos de saúde, registos de empresas, ficheiros internos de uma empresa e até informações de plataformas multimédia que incluem textos, imagens, áudios, vídeos, etc. As fontes variadas do conhecimento tornam a análise muito sofisticada, uma vez que o conhecimento vem em vários formatos.

• **Ruído (calão, abreviaturas)** - o conteúdo da Internet no mercado é incrivelmente ruidoso. Na era atual de mensagens de texto com cento e quarenta caracteres, as pessoas utilizam, para sua facilidade, numerosas abreviaturas, gírias e emoticons no texto tradicional, o que torna a análise muito complicada e difícil.

O tempo estava ótimo :D

O conteúdo da Web resume uma gama enorme de variações ortográficas para uma palavra idêntica. Por exemplo, uma palavra impressionante pode ser encontrada em várias formas, como "awsum, awssuummm, awsome", e a repetição dos caracteres pode ser feita em qualquer combinação.

• **Informação discursiva** - caraterizar o contexto do texto torna-se um desafio muito importante.

Ex-1 O filme era longo.

Ex-2 A aula foi longa.

Ex-3 A duração da bateria da nokia é longa.

Em todos os três exemplos, o significado de long é o mesmo - indicando o período ou a passagem do tempo. Nos exemplos 1 e 2, "long" indica amplitude e, portanto, uma expressão negativa, enquanto no exemplo 3 "long" indica potência e, portanto, uma expressão positiva. Com a ajuda dos exemplos acima, é evidente que a mesma palavra com o mesmo significado terá múltiplas utilizações consoante o contexto. Assim, torna-se vital observar o contexto para procurar a informação subjectiva durante um texto

*   **Deteção de sarcasmo- O** "sarcasmo" é definido como uma expressão ou comentário pontiagudo, amargo ou cortante; um gracejo ou provocação amarga normalmente enviada através de ironia ou declaração. É uma tarefa onerosa para as pessoas interpretarem o gracejo, criar uma máquina pronta para o perceber pode ser uma tarefa mais difícil. Alguns exemplos de gracejos

Ex-1 Nem todos os homens são irritantes. Alguns são divertidos.

Ex-2 que excelente filme do Tasha, nunca mais vou ver o filme dele.

*   **Desambiguação do sentido da palavra - Uma** palavra idêntica pode ter vários sentidos e, consoante o sentido da sua utilização, a polaridade da palavra também muda. Por exemplo, uma palavra sábia em inglês tem vinte e um sentidos de adjetivo, quatro sentidos de substantivo e alguns sentidos de advérbio, cuja polaridade muda em função do sentido em que é utilizada, como se pode ver no quadro 1, onde as pontuações Pos, Neg e Obj indicam as pontuações Positiva, Negativa e Objetiva para um sentido específico de multa.

Tabela 1: Múltiplos sentidos da palavra "bom".

Sentido	Parte do discurso	Pontuações de polaridade	Significado
Bom!	Adjetivo	Pos 1, Obj 0, Neg 0	Moralmente admirável
Bom2	Adjetivo	Pos 0,375, Obj 0,5, Neg 1.25	Não se deixa estragar. "o chá ainda está bom"
Bom3	Substantivo	Pos 0, Obj 1, Neg 0	Mercadoria/artigos de comércio

Falta de recursos - A falta de recursos suficientes e de corpora anotados também aumenta os desafios ao abordar o problema da análise de sentimentos, especialmente quando estamos a lidar com línguas não inglesas.

Opinion Spam-Opinion spam refere-se a opiniões falsas ou falsas que tentam enganar deliberadamente os leitores ou os sistemas automáticos, dando opiniões positivas não merecidas a alguns objectos-alvo, de modo a promover esses objectos e/ou dando opiniões negativas maliciosas a outros objectos, de modo a destruir a sua reputação. Vários sítios de agregação de opiniões tentam reconhecer o spam de opiniões obtendo do leitor a utilidade ou a pontuação de utilidade de cada opinião, pedindo-lhe que forneça feedbacks de utilidade para cada opinião.

Domínio cruzado - O inconveniente do sentimento de domínio cruzado é declarado da seguinte forma: dado um grupo de informações rotuladas de um domínio (o domínio de fornecimento) e um grupo de informações não rotuladas de outro domínio (o domínio de destino), como é que os documentos no domínio de destino serão classificados utilizando um classificador treinado no domínio de fornecimento? A maioria dos estudos neste ramo da análise de sentimentos aborda este inconveniente através de palavras/características independentes do domínio de trabalho dos detectives para fazer a ponte entre os dois domínios. Por outras palavras, estas opções estão habituadas a transferir o sentimento do domínio de fornecimento para o domínio de destino. Finalmente, essas estratégias são utilizadas em classificadores de domínio cruzado completamente diferentes [13].

Ferramentas de baixa qualidade - Percepções erróneas, bem como expectativas inflacionadas, fomentadas por ferramentas de baixa qualidade que se baseiam em palavras-chave e não dispõem de qualquer mecanismo para ligar o sentimento aos resultados comerciais reais. Por um lado, obtém-se uma baixa precisão e, por outro, existe uma "lacuna de decisão". Obtêm-se painéis de controlo coloridos, mas como as ferramentas funcionam isoladamente, tratando as fontes sociais e de inquéritos como silos de informação, não é possível saber com fiabilidade que sentimento é importante e o que significa realmente para a sua empresa, no sentido de impulsionar transacções, aumentar a satisfação, etc.

APLICAÇÕES

2.1   Aplicações nas empresas

As aplicações da análise de sentimentos nas empresas não podem deixar de ser assinaladas. A análise de sentimentos nas empresas pode revelar-se um grande avanço para a melhoria total e completa. A chave para gerir um negócio produtivo com a informação das emoções é o poder de utilizar a informação não estruturada para obter informações injustas. Nos últimos anos, os modelos de aprendizagem automática dependem, em grande parte, das opções criadas manualmente antes da classificação. No entanto, a aprendizagem profunda também pode ser uma possibilidade mais robusta porque [14]:

- Extrai automaticamente as opções relevantes.
- Ajuda a eliminar as opções redundantes.
- Elimina os esforços de elaboração manual das opções.

2.2   Aplicações em domínios completamente diferentes

As técnicas de classificação de sentimentos são aplicadas em conjuntos de informação totalmente diferentes, tais como críticas, discursos na Internet e artigos noticiosos. As avaliações incluem avaliações de imagens, avaliações de escolhas de produtos e avaliações de música. As avaliações de escolhas de produtos são avançadas; como resultado de uma avaliação de 1 pessoa pode ter todos os sentimentos positivos e negativos, algumas das características específicas da mercadoria. A extração de sentimentos de críticas de imagens é extraordinariamente atractiva, uma vez que os resultados das críticas de imagens apresentam a sua opinião em grandes resumos e utilizam dispositivos literários subtis como a substância retórica. A análise do sentimento do discurso na Internet inclui dispositivos de computação social, grupos de notícias e comentários (Facebook, Twitter). Este domínio extrai geralmente o sentimento de questões/tópicos específicos como o aquecimento, a regulamentação e a política. Alguns efectuam a análise de sentimentos em artigos noticiosos

2.3   Aplicações para sítios Web relacionados com a revisão

A aplicação mais comum da análise de sentimentos é no domínio das críticas de produtos e serviços de consumo. Há muitos sítios Web que oferecem resumos automáticos de críticas sobre mercadorias e sobre os seus aspectos específicos. Um exemplo notável é o "Google Product Search".

O Twitter e o Facebook são ambos objeto de destaque das várias aplicações de análise de sentimentos. A aplicação mais comum é a observação do nome de uma pessoa selecionada no Twitter ou no Facebook. Uma aplicação que efectua a análise da quantidade de tweets que contêm um determinado termo é o tweet feel [15]. A análise de sentimentos pode oferecer um valor substancial aos candidatos que concorrem a vários cargos. A análise de sentimento pode oferecer um valor substancial aos candidatos que concorrem a posições variadas. Permite aos gestores de campanha rastrear o que os eleitores sentem em relação a questões totalmente diferentes e também os meios que relacionam com os discursos e acções dos candidatos. A análise de grau associado de tweets relacionados com a campanha de 2010 também pode ser encontrada em [16].

2.4   Aplicação em finanças

Outro domínio muito importante para a análise de sentimentos é o dos mercados à vista. Existem várias notícias, artigos, blogues e tweets relativos a cada empresa pública. Um sistema de análise de sentimento de grau associado pode utilizar estas fontes variadas para procurar artigos que dialoguem com as empresas e combinar o sentimento relativo a elas com uma pontuação colectiva que será utilizada por um sistema automático de mercantilismo. Um desses sistemas é o sistema de medição de acções. Este método (desenvolvido pela Digital Trowel) mostra o sentimento diário positivo e negativo relativo a cada ação a bordo do gráfico do valor da ação [17]. Uma métrica de sentimento, conhecida como News Sentiment, que utiliza a contagem de palavras de polaridade positiva e negativa, é projectada como um indicador do sentimento do corpus de notícias. Para desenvolver o motor de seleção e agregação de notícias, é necessário utilizar vários pacotes e ferramentas de código aberto, bem como o motor de análise de sentimentos. Afirmam ainda que a variação temporal do sentimento das histórias mostra uma correlação muito forte com o movimento específico do valor das acções.

2.5   Aplicação no processo cognitivo superior

Todas as pessoas armazenam informações nas redes sociais da Internet, em blogues e em diversas aplicações da Internet, em sítios Web sociais para obter informações relevantes. É necessário uma técnica que analise o conhecimento e apresente resultados úteis. É realmente robusto para cada empresa realizar uma pesquisa regularmente, portanto, há um amor para analisar o conhecimento e entender o produto mais eficaz suportado pelas avaliações, opiniões e conselhos do usuário. As opiniões e críticas facilitam as pessoas para um maior conhecimento, além de serem úteis para as áreas de negócio e análise.

2.6   Gestão da reputação da marca (BRM)

A análise de sentimentos ajuda a decidir como é que a empresa completa, o produto ou o serviço está a ser percebido pelo cliente em linha. A BRM preocupa-se com a gestão do nome no mercado. Centra-se no produto e na empresa e não no consumidor. Assim, são criadas oportunidades para as organizações gerirem e reforçarem o seu nome. Se o nome for conseguido, terá ao mesmo tempo impacto no padrão e na fiabilidade da mercadoria.

CLASSIFICAÇÃO

A classificação pode ser efectuada de acordo com várias dimensões ("eixos") ortogonais entre si:

Por tema; de longe o caso mais frequente, as suas aplicações são omnipresentes

Por sentimento; útil em estudos de mercado, gestão da reputação em linha, ciências sociais e ciências políticas

Por idioma (também conhecido como "identificação de idioma"); útil, por exemplo, no processamento de consultas em motores de busca;

Por género; por exemplo, Notícias Automóvel vs. Blogues Automóvel, útil na classificação de sítios Web e outros;

Por autor (também conhecido como "atribuição de autoria"), por língua materna ("identificação da língua materna"), e

Por género; útil em medicina legal e cibersegurança I por utilidade; por exemplo, análises de produtos.

2.7 Classificações ao nível do documento

A análise de sentimento ao nível do documento tem como alvo todo o documento e atribui-lhe um sentimento global, assumindo que o documento exprime um sentimento único [18, 19, 20]. Este pressuposto é criticado por não ser razoável, uma vez que um texto pode conter uma única opinião e, por isso, a análise deve visar níveis mais finos. No entanto, este pressuposto é válido para alguns ramos, como as críticas, sempre que é necessária uma declaração final sobre a mercadoria, que pode ser uma conclusão ponderada resultante de aspectos completamente diferentes, embora a crítica contenha opiniões diferentes. Outro caso em que este pressuposto é válido é o das notícias sobre dinheiro, em que as notícias que contêm um sentimento positivo ou negativo se reflectem num sinal de compra ou venda. Temos dois tipos de classificação ao nível do documento: em primeiro lugar, a classificação do sentimento ao nível do documento é feita com base na aprendizagem supervisionada: A classificação do sentimento é frequentemente efectuada como uma desvantagem da aprendizagem supervisionada com 2 etiquetas de classe que são positivas e negativas. Nos estudos de análise existentes, as informações de treino e teste utilizadas são principalmente revisões de um par de produtos de uma determinada organização. Aqui, as opções são consideradas como atributos de informação, tal como representados na aprendizagem automática, em vez de opções de objeto. Em segundo lugar, a classificação de sentimentos ao nível do documento é suportada pela aprendizagem não supervisionada: Na classificação de sentimentos, as frases de opinião e as palavras de opinião são os indicadores vitais mais importantes. Por conseguinte, a utilização de estratégias de aprendizagem não supervisionada para a análise de sentimentos, que se baseia nessas frases e palavras de opinião, é muitas vezes óbvia no âmbito da análise de sentimentos. Estas estratégias efectuam principalmente a classificação através do tratamento de frases gramaticais montadas que são principalmente utilizadas pelo utilizador para expressar as suas opiniões.

Exemplo: "Comprei um iPhone há alguns dias. É um telemóvel muito bonito, embora um pouco grande. O ecrã tátil é fantástico. A qualidade da voz também é nítida. Simplesmente adoro-o!"

2.8   Classificações ao nível da frase

O nível da frase pode ser um nível mais fino de investigação que inspecciona frases que têm uma opinião específica e procura delinear a sua orientação [21, 22]. A classificação feita ao nível da frase é muito significativa porque (1) separa as frases que não têm qualquer opinião, e (2) após a identificação dos objectos e das características desses objectos expressos nessas frases, ajuda a decidir se as opiniões fornecidas sobre os objectos subjacentes e também sobre as características desses objectos são positivas ou negativas. A ideia aqui é que cada frase contém um sentimento. Este pressuposto não se aplica a todas as frases de um texto. De facto, várias frases não têm um sentimento específico. É vital diferenciar as frases subjectivas das não subjectivas, uma vez que as frases não subjectivas não acrescentam qualquer informação ao classificador [23]. As declarações subjectivas são pessoas que têm uma opinião específica. A deteção da subjetividade consiste em separar as frases que contêm opiniões das que contêm factos. Mesmo em textos restritos, a etiquetagem da subjetividade impede que as frases desonestas e impertinentes sejam apontadas ao classificador de sentimentos. Assim, a classificação da subjetividade é utilizada para melhorar o desempenho dos classificadores de sentimento ao nível da frase [24, 25]. O nível de frase é mais preferido do que o nível de documento, uma vez que é necessário captar opiniões completamente diferentes num documento. Os textos são constituídos por vários tipos de frases, cada uma das quais tem muitas características explícitas que permitem tratá-las de outra forma e permitem diferentes tipos de classificação especial para elas, como, por exemplo, frases condicionais ou comparativas. Afirma-se que não existe uma estratégia de classificação que corresponda a todas as categorias de frases ou talvez a um texto inteiro. Por conseguinte, a combinação de formas completamente diferentes de apoiar diferentes tipos de frases melhora a precisão da classificação. Geralmente, num texto restrito ou numa recensão, o detentor da opinião vai provavelmente precisar uma opinião global positiva ou negativa. No entanto, o autor da recensão poderá mencionar opções sensatas e perigosas relativamente ao artigo [25]. Exemplo: "As vendas do iPhone estão a correr bem nesta má economia".

2.9   Classificação ao nível das características

A análise ao nível da frase ou da palavra investiga a polaridade dos textos a um nível mais fino: o nível da frase. Isto envolve a identificação de frases polares e o processamento do seu sentimento [26]. Em finanças, o sentimento ao nível da palavra é empregue para observar palavras polares e analisar as suas relações com variáveis alternativas, como os ganhos da empresa ou os custos das acções [27]. Recentemente, vários modelos de matemática aplicada foram concebidos para uma análise mais aprofundada das avaliações de produtos, ou seja, para explorar as opiniões dos compradores relativamente a determinadas opções de produtos [28, 29]. Este método é frequentemente designado por análise de sentimentos a nível lateral. É o método de extração de aspectos relevantes do produto analisado e de determinação do sentimento da opinião correspondente relativamente aos mesmos [30, 31]. A ideia aqui é que todas as opiniões são normalmente dirigidas a um determinado objeto que nenhum dos quadros superiores visa de forma precisa e sistemática. Por exemplo, nas críticas de filmes, os aspectos extraídos podem ser: música, actores ou luzes. Quando os compradores estão a escrever um par de filmes, especificam as suas opiniões relativamente a estes aspectos, como o que pensam sobre os actores ou a alternativa musical.

Neste caso, realizamos basicamente duas tarefas de extração importantes, como se indica a seguir: (1) Determinar todas as características de um objeto que foram expressas. Considere-se o exemplo da frase "O sabor do café é muito bom" e, neste caso, a caraterística de um objeto é "sabor". (2) Identificar se as opiniões expressas sobre as características de um objeto são positivas, negativas ou neutras.

2.10   Estratégias de classificação de sentimentos

Existem 3 estratégias completamente diferentes na análise de sentimentos: estratégias baseadas principalmente na aprendizagem automática, estratégias baseadas principalmente no léxico e análise linguística [31]. As estratégias de aprendizagem automática para classificação de sentimentos são modelos suportados que são marcados para conhecimento categorizado. Este conhecimento é designado por dados de treino. O modelo de marca ou máquina será então utilizado para categorizar novos conhecimentos, tal como uma equação parametrizada pode ser utilizada para prever o valor da variável de resposta na análise multivariada. A formação baseia-se em opções que influenciam a polaridade da informação e que são escolhidas utilizando estratégias de seleção de características. A abordagem baseada principalmente no léxico depende da construção de um léxico, que pode ser uma "estrutura que regista as palavras e, presumivelmente, as informações relativas a elas", sempre que as palavras são citadas como "itens lexicais" [32]. Uma vez construído o léxico, a polaridade geral do texto é então encontrada através de uma contagem presumivelmente ponderada destes elementos lexicais [33, 34]. Um exemplo da construção de um léxico consiste em decidir quais são as chamadas palavras opinativas ou polares. Em seguida, essas palavras são divididas em duas classes, de acordo com a sua polaridade, e utilizadas para criar o léxico. Por último, a abordagem linguística utiliza as características sintácticas das palavras, frases, negações e também a estrutura do texto para estimar a orientação do texto. Esta abordagem é por vezes combinada com uma técnica baseada principalmente no léxico [35, 36]. Uma de todas as estratégias utilizadas na abordagem linguística baseia-se nas partes do discurso (POS). O POS define os padrões sintácticos ou as classes de palavras [32]. Numerosos padrões de POS podem ser utilizados como frases a serem seleccionadas manualmente a partir do texto. Esses padrões indicam um determinado sentimento ou um determinado tópico. Podem conter adjectivos ou advérbios ou outra parte do discurso.

Para delinear os padrões, são utilizados n-gramas. Um n-grama pode ser uma sequência de n palavras de uma dada sequência de discurso. É possível utilizar unigramas, bigramas, trigramas e n-gramas para três palavras. Suponhamos que os n-gramas são utilizados como padrões para procurar frases casuais. As três abordagens completamente diferentes podem ser utilizadas individualmente ou combinadas. Por exemplo, a aprendizagem automática e as abordagens linguísticas podem ser combinadas, pelo que as opções escolhidas para a formação são apenas opções de um tipo de POS. Uma análise baseada principalmente no léxico pode ser combinada com uma abordagem linguística; assim, o léxico é construído como um exemplo dos adjectivos que aparecem durante um texto ou durante um domínio específico. Esses adjectivos podem ser classificados no léxico como positivos ou negativos, por exemplo, "bonito" e "feio". Isto não implica ignorar a importância dos componentes alternativos do discurso, como os verbos ou os substantivos, uma vez que alguns deles são específicos de um sentimento terrivelmente forte, como o verbo "ódio"   .

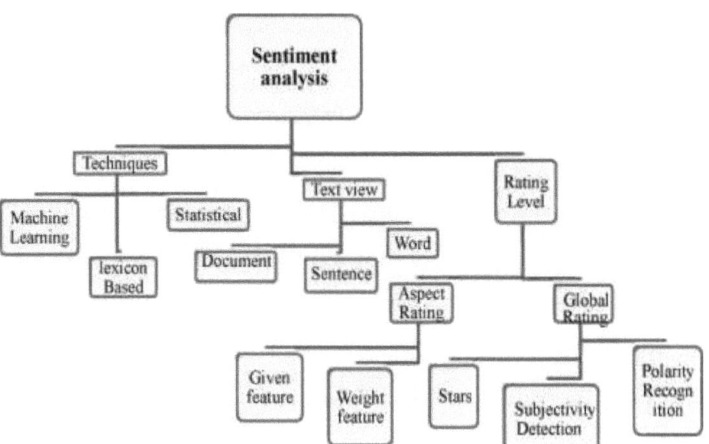

Figura 3: Abordagens de classificação
2.11   Questões de classificação
1   Spam de correio eletrónico

O objetivo é prever se uma mensagem de correio eletrónico é *spam* e se deve ser entregue na pasta "Lixo". Há mais do que um método para identificar um correio eletrónico como spam. É discutido um método simples. Os dados brutos incluem apenas a parte do texto e ignoram todas as imagens. O texto é uma sequência simples de palavras que constitui o input (X). O objetivo é prever a resposta binária Y: spam ou não.

2 Reconhecimento de dígitos manuscritos

O objetivo é identificar corretamente imagens de algarismos simples de 0 a 9.

Os dados em bruto incluem imagens que são segmentos escalados de códigos postais de cinco dígitos. No diagrama abaixo, cada caixa verde é uma imagem. As imagens originais são muito pequenas, contendo apenas 16 × 16 pixéis. Por conveniência, as

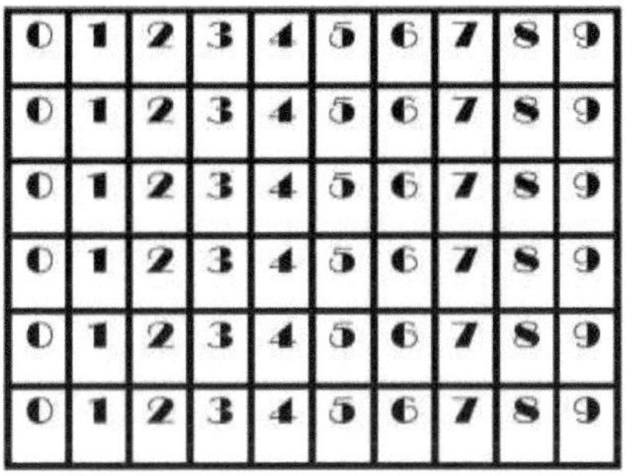

imagens são ampliadas.

Figura 4: Exemplos de dígitos manuscritos

3 Segmentação de imagens:

Eis um exemplo mais complexo de um problema de classificação de imagens. As imagens de satélite devem ser identificadas como regiões artificiais ou naturais. Por exemplo, nas imagens aéreas mostradas abaixo, os edifícios são rotulados como construídos pelo homem e as áreas de vegetação são rotuladas como naturais.

4 Reconhecimento de voz

Outro exemplo interessante de extração de dados é o reconhecimento de voz. Por exemplo, se ligar para o aeroporto de University Park, o sistema pode perguntar-lhe o número do seu voo ou as cidades de origem e destino. O sistema faz um ótimo trabalho a reconhecer nomes de cidades. Este é um problema de classificação, em que cada nome de cidade é uma classe. O número de classes é muito grande, mas finito.

5 .6 Análise de sentimentos como problema de classificação de textos

Na análise de sentimentos, a análise de campo é realizada principalmente por académicos. Durante este estudo, verificou-se que a análise de sentimentos é tratada como um retardador da classificação de textos. Além disso, duas áreas de análise associadas são estudadas de forma abrangente durante este estudo que são: (1)

classificação de um documento que é suportado por uma opinião positiva ou por uma opinião negativa, e (2) classificação de uma frase em frase subjectiva ou frase objetiva, e para as frases que são subjectivas, mais uma vez classificá-las com base na premissa de que expressam uma opinião positiva, uma opinião negativa ou uma opinião neutra. O primeiro espaço de análise é universalmente designado por classificação do sentimento ao nível do documento, que se concentra em encontrar o sentimento geral do detentor da opinião no texto de mente estreita. Com a ajuda de determinadas análises de produtos, ajuda a reconhecer e a perceber se o detentor da opinião é positivo ou negativo em relação ao tópico desse produto. O segundo espaço concentra-se nas frases separadamente para detetar se essa frase é ou não responsável por tributar qualquer opinião ou não, o que é considerado como classificação da subjetividade e, além disso, é designado por classificação do sentimento ao nível da frase.

EXTRACÇÃO DE CARACTERÍSTICAS

A extração de características identifica os aspectos do produto que estão a ser comentados pelos clientes, a previsão do sentimento identifica o texto que contém sentimento ou opinião decidindo a polaridade do sentimento como positiva, negativa ou neutra e, por fim, o módulo de sumarização agrega os resultados obtidos nos dois passos anteriores. O método de extração de características toma o texto como entrada e gera as opções extraídas em qualquer uma das formas, como Lexico-Sintáctica ou retórica, sintáctica e baseada principalmente no discurso [37, 38].

4.1   Características

4.1.1   Abordagens baseadas principalmente no texto

O Bag-of-Words (BoW) pode ser uma caraterística padrão. Com um vocabulário pré-definido, bem como um grupo de termos (palavras individuais ou n-gramas de palavras), um documento é representado como um vetor de características, em que cada componente será um valor binário que indica o aparecimento do termo correspondente ou um valor de enumeração que indica a frequência do termo (TF). O vocabulário é por vezes criado escolhendo a maior parte das vezes que os termos aparecem no corpus. Para a análise do sentimento, os termos ligados à emoção podem ser adicionalmente incluídos. Além disso, tendo em conta o facto de os termos poderem ter uma importância completamente diferente, cada termo pode ser atribuído com um peso como a frequência inversa do documento (IDF). Existem variantes alternativas concebidas para algumas aplicações específicas [39].

O léxico consiste em palavras emocionais às quais são atribuídas manualmente pontuações de sentimento. Para além das abordagens de aprendizagem matemática aplicada com opções de matéria, os léxicos podem ser utilizados diretamente para decidir o sentimento de um tweet. Normalmente, um tweet é positivo se a pontuação geral for positiva, caso contrário, o tweet é negativo.

Dependência sintáctica: É definida como a dependência de palavras que se baseia em características geradas a partir de árvores de dependência ou de análise. Vários investigadores podem utilizá-la na sua investigação no domínio da análise de sentimentos.

Etiquetagem da parte do discurso (POS): a etiquetagem da **parte do** discurso ou POS pode ser uma técnica linguística utilizada desde 1960 e que recentemente mereceu a atenção explícita dos investigadores de tecnologia da linguagem humana [40, 41,] para a extração de características do produto, uma vez que os aspectos do produto são geralmente substantivos ou frases nominais. A etiquetagem POS [42] atribui uma etiqueta a cada palavra de um texto e classifica uma palavra numa determinada classe morfológica, como norma, verbo, adjetivo, etc. Os etiquetadores POS são económicos para a extração de características expressas em termos de precisão alcançada, mas a desvantagem surge quando a análise contém opções implícitas [43].

Remoção de palavras de paragem: O pensamento de stop word foi inicialmente introduzido por Hans Luhn, H.P[44]. As palavras de paragem são palavras comuns e de alta frequência como "a", "o", "de", "e", "um". Existem no mercado estratégias completamente diferentes para a eliminação de palavras de paragem [45]; em última análise, melhoram o desempenho dos algoritmos de extração de características.

Limpeza de HTML

As páginas Web contêm, para além dos textos principais, anúncios e outras informações irrelevantes, como as etiquetas HTML (por exemplo, <p>, <br>). Estas estão organizadas em diferentes elementos de objeto, ou seja, as chamadas etiquetas <div>. Para evitar os problemas de eficiência decorrentes dessas informações irrelevantes, o texto deve ser limpo delas para reter apenas as informações de interesse. Há muitas formas de extrair os textos noticiosos relevantes do código-fonte HTML. Por exemplo, pode utilizar-se o "HTML Cleanup", que foi utilizado em [46], ou o modelo de objeto de documento (DOM), ou a biblioteca HTMLUnit da Apache, que pode analisar as características específicas do HTML dos textos e organizá-las numa estrutura em árvore baseada em objectos para serem distinguidas e separadas umas das outras. Esta estrutura permite-lhes extrair o texto principal de interesse.

Expansão de abreviaturas

As abreviaturas podem criar ruído no decurso da análise. Este problema é resolvido através da expansão de abreviaturas. Por exemplo, *they're é substituído* por *they are, hasn't* é substituído por *has not*, e assim por diante. Isto ajuda, por um lado, a obter a frequência correcta das palavras e, por conseguinte, a dimensão correcta do texto. Por outro lado, a expansão da parte da negação, como em *don't like→do not like*, ajuda a detetar e a marcar a negação nas frases e facilita a sua deteção [46]. **Estampagem** Stemming é o processo de apagar o sufixo da palavra e colocá-la na sua base ou fundamentos. Se um texto contiver as palavras "admirar", "admirado" e "admirar", estas não devem ser tratadas como palavras diferentes, especialmente num classificador de sentimentos em que têm o mesmo significado e a mesma polaridade. Se as derivar, elas serão transformadas em "admirar" e a frequência da palavra será 3, em vez de três palavras com uma frequência 1. A importância deste passo reside no facto de diminuir a dimensionalidade do texto [47].

4.1.2 Abordagens baseadas principalmente no visual

O gráfico de barras de cores é a concatenação de 3256 histogramas dimensionais extraídos dos canais de cores RGB separadamente.O descritor **GIST**, que é útil para a classificação de cenas, pode ser uma caraterística de 320 dimensões. Inclui as energias de saída de vários filtros (3 escalas com oito, oito e quatro orientações, respetivamente) em grelhas quatro × quatro de uma imagem.

O descritor de **padrão binário local (LBP)** pode ser uma caraterística de textura de estilo. Cada componente é representado como códigos binários (padrão) por comparação do seu valor com os dos vizinhos. O vetor de características é gerado pela enumeração da quantidade de vários padrões na imagem.

O Bag-of-Visual-Words (BoVW) segue o pensamento do BoW, exceto que as palavras são descritores SIFT que são calculados em amostras densas de imagens. O vocabulário inclui centros de muitas equipas geradas pelo agrupamento de um grupo de descritores.

Classemes [48] pode ser uma caraterística inferior que consiste nos resultados de 2.659 classificadores treinados para investigar algumas ideias linguísticas (por exemplo, objectos). Cada dimensão indica a probabilidade da aparência de uma classe. Em comparação com as opções de baixo nível, Classemes representa imagens a um melhor nível linguístico.

O atributo é outra caraterística inferior, que representa aspectos visuais abstractos (adjectivos, e.g., "vermelho" e "riscado"), em vez dos objectos concretos utilizados nos Classemes. Tendemos a adotar o atributo de 2.000 dimensões planeado em [49], que se destina a representar atributos de categorias.

O SentiBank [50] é uma ilustração de atributos concebida especificamente para a computação afectiva humana. Inclui 1200 pares de adjectivos e substantivos (ANP), por exemplo, "cloudy moon" (lua nublada) e "beautiful rose" (rosa bonita), que são meticulosamente escolhidos a dedo a partir do conhecimento da rede e representativos da expressão dos afectos humanos. O SentiBank é intuitivamente adequado para a análise visual de sentimentos.

A caraterística **estética** é útil para compreender a instância visual a um nível mais abstrato, como "belo". Tendemos a adotar as seguintes opções estéticas utilizadas em [50]: caraterística de canal escuro, caraterística de propriedade física, nitidez S3, simetria, baixa profundidade de campo, equilíbrio de brancos, colorido, cor, harmonia e sensibilidade ocular.

4.2   Categorização de características

Os diferentes tipos de características, conhecidos a partir da revisão da literatura sobre a análise de sentimentos, são categorizados a seguir.

Tipos morfológicos: Existem 3 tipos de opções morfológicas: semânticas, sintácticas e léxico-estruturais. A variedade de opções linguísticas baseia-se na informação discursiva e na orientação linguística (SO). A técnica de informação discursiva é empregue para caraterizar o texto ao nível da frase [51]. Por outro lado, a técnica de orientação linguística (SO) utiliza a análise linguística latente (LSA) e a informação mútua com objetivo (PMI), que atribui uma pontuação de polaridade a cada palavra ou frase [52, 53]. A categoria sintáctica da caraterística utiliza a etiquetagem POS, etiquetas de pedaços, caraterística de profundidade de dependência e palavra Ngram. As características estruturais léxicas incluem frequências de imagens especiais, distribuições de palavras e opções léxicas ao nível da palavra, raramente utilizadas na extração de opiniões.

Características frequentes: As opções de produtos frequentes, também conhecidas como características quentes, são as características pelas quais as pessoas têm muito interesse. A extração de regras de associação apriorística, também conhecida como extração de padrões frequentes [54], é amplamente utilizada na extração de texto, sendo um Stemmer para literatura portuguesa, árabe e não inglesa [55] para a extração de características frequentes no conhecimento transacional. A fórmula Apriority funciona em duas fases. Na parte inicial, encontra todos os conjuntos de itens frequentes dentro da informação da ação de grupo que satisfazem um limiar definido pelo utilizador. Na parte 2, são geradas regras a partir de conjuntos de itens frequentes conhecidos. Hu e Liu executam a regra de associação jack CBA [56] que utiliza simplesmente o movimento de abertura da fórmula Aprioridade. Bei F et al [57] concebeu a técnica de cluster com base na ideia de extração de padrões frequentes e também o trabalho centrado na extração de frases para a escolha de características frequentes. A principal desvantagem das abordagens de escolha de características frequentes baseadas em clusters é a sua dependência do domínio em termos de heurística e definição de limiares [58].

Características implícitas: As características implícitas são as opções que não são visíveis na avaliação. Por exemplo, na avaliação "O carro é caro", o utilizador está a relacionar a caraterística "preço", embora a palavra "preço" não seja claramente mencionada. Os adjectivos e advérbios são os indicadores implícitos de características mais comuns [59]. Por exemplo, o adjetivo "pesado" mostra a caraterística de peso, mas é necessário um certo nível de informação sobre o domínio para avaliações como "a chuva é forte", onde o adjetivo "forte" não representa o peso. Zhang W et al [60] alargaram a extração de regras de associação adoptada, introduzindo a técnica de escolha de colocação para a identificação de características implícitas no corpus chinês. Verificaram que as características implícitas ocorrem muito perto das características expressas. Ghani R et al [61] utilizaram um classificador para verificar se uma determinada caraterística é ou não mencionada implicitamente numa recensão. Para além da extração de características expressas, Wang e H. F [62] conheceram características implícitas utilizando uma operação de mapeamento de palavras de opinião para opções de produtos.

4.3   Seleção de características

As estratégias de seleção de características são classificadas em quatro classes principais: baseadas em PNL ou heurísticas, estatísticas, agrupamento e híbridas. As técnicas baseadas no processamento da linguagem natural baseiam-se principalmente em três princípios básicos: (a) Substantivos, frases nominais, adjectivos e advérbios são tipicamente características específicas do produto[63,64]. (b) Os termos que ocorrem perto de expressões subjectivas funcionam como características. (c) P é produto e F é caraterística em frases como 'F de P' ou 'P tem F'. Obtiveram uma precisão elevada, mas uma baixa recuperação com dependência da precisão de uma parte do discurso da etiquetagem. As técnicas de extração de características baseadas em clusters ou na aprendizagem automática são aplicadas por [65] e requerem poucos parâmetros para serem ajustadas. A principal fraqueza do cluster é que apenas as características principais podem ser extraídas e é difícil extrair as características menores [66]. As técnicas estatísticas estão ainda divididas em 3 subtipos: univariadas, multivariadas e híbridas. As estratégias univariadas, também conhecidas por estratégias de filtragem de características, consideram os atributos individualmente; as amostras deste tipo incluem o ganho de informação (IG), o qui-quadrado, a frequência de incidência, o logaritmo da probabilidade e os limiares de frequência mínima. As técnicas univariadas têm potência de máquina, mas ignoram as interacções entre atributos. Os modelos de árvore de decisão, a eliminação algorítmica de características e os algoritmos genéticos são exemplos de estratégias multivariadas que têm em conta o agrupamento de atributos e utilizam um modelo de invólucro para a escolha de atributos. Em comparação com as estratégias univariadas, as estratégias multivariadas são mais caras em termos de potência da máquina, uma vez que avaliam as interacções entre atributos. As técnicas híbridas misturam estratégias univariadas, multivariadas e alternativas para obter precisão e potência. Hu et al [63] aplicaram técnicas híbridas como a etiquetagem POS com o léxico WordNet. A identificação de conjuntos de lados frequentes foi efectuada utilizando o minerador de associações CBA. Foram utilizadas estratégias de compactação e redundância para eliminar características impertinentes. Ao contrário de [63], Ly Dk et al [67] incorporaram informação sintáctica ao nível da frase para características de produtos reais não flexionadas a partir de um conjunto de características redundantes utilizando o analisador de dependência de Stanford [68]. Somprasertsri G et al [64] combinaram características lexicais e sintácticas com um modelo de maior entropia para a extração de características de produtos. Zhang H et al [66] combinaram regras de associação e informação mútua pontual para a extração de características de produtos, com a vantagem adicional de utilizar o dicionário de sentimentos HowNet [69]. Wang e H. F [70] conheceram as características dos produtos utilizando a estratégia de aprendizagem bootstrapping com regras linguísticas adicionais para extrair características de baixa ocorrência e palavras de opinião. Zhang et al. [71] planearam dois passos para a extração de características de produtos. No primeiro passo, as características foram extraídas utilizando padrões de relação parte-todo e um padrão "não" para melhorar o desempenho. Na segunda etapa, eles hierarquizaram os candidatos a características pela importância da caraterística. As características foram extraídas através de campos aleatórios condicionais [72] e do modelo de entropia máxima [64]. Hadano M et al [73] utilizaram o agrupamento Bayon1para a identificação de características, foi alcançada uma elevada exatidão quando compararam os resultados com a técnica de base.

4.4   Limpeza de elementos

Ao longo da fase de geração frequente de conjuntos de características, é criado um grande número de características redundantes, que têm de ser eliminadas. O método de limpeza de características elimina essas características excedentárias através da aplicação de algoritmos de poda de características. As características impertinentes são eliminadas utilizando a técnica de poda de compacidade. Jeong et al [74] combinaram características com características idênticas e, assim, as características mais representativas são destacadas do conjunto de características candidatas, acabando por eliminar as características redundantes. Wie et al [75] planearam regras de limpeza completamente diferentes para reduzir o ruído de um grande conjunto de características. Ao longo do movimento de abertura, as características candidatas são retiradas de um determinado conjunto de características através de um mapeamento da parte do discurso (POS). No passo seguinte, os substantivos e as frases com substantivos são limpos. No passo final, as frases com o adjetivo mais próximo que actua como termos de caraterística são conhecidas para eliminação de redundância. Analisámos uma centena de artigos e categorizámo-los de acordo com o emprego de algoritmos de seleção de características para a análise de sentimentos. As técnicas híbridas não se tornaram abundantes em estilo; ainda é necessário muito trabalho para visualizar a sua potência

4.5   Problemas e desafios

A extração de características na análise de sentimentos enfrenta problemas completamente diferentes, tais como o espaço massivo de características, a redundância, a dependência do domínio, a questão da identificação implícita de características e o trabalho restrito em características léxico-estruturais. Seguem-se os desafios gerais na extração de características, conhecidos por investigadores completamente diferentes.

Elevada dimensionalidade: Propriedades espaciais elevadas ou conjuntos de características maciços causam uma degradação do desempenho devido a problemas de máquina, pelo que são necessárias estratégias adequadas de seleção de características [76].

Redundância: Os N-gramas são extremamente redundantes, causando problemas de redundância em cada estratégia univariada e multivariada [76]

Dependência de domínio: O desempenho das técnicas de extração de características baseadas principalmente em clusters é dependente do domínio, o que cria problemas de generalização e de domínio cruzado [77].

Desempenho do método híbrido: A capacidade das estratégias híbridas para superar os problemas decorrentes da redundância ainda não está confirmada, necessitando de experiências adicionais. Características léxico-estruturais: à semelhança das características sintácticas e linguísticas, existe pouco trabalho sobre características léxico-estruturais em algoritmos de extração de características [78].

Problema de etiquetagem POS: A precisão das técnicas de seleção de características baseadas em heurísticas depende da precisão da etiquetagem POS, pelo que o planeamento de um escalonamento POS económico continua a ser uma dificuldade a resolver, particularmente para línguas não inglesas.

SENTIMENTO ANLAYSIS

4.6   Análise de sentimentos em texto

Na literatura, encontram-se muitos termos utilizados indistintamente para designar este conceito, incluindo opinião, subjetividade num texto, sentimento, emoção, avaliação, crença e especulação. Todos estes termos se referem a um estado privado que não está aberto à observação ou verificação objetiva [79]. Esta diversidade de termos tem também como consequência que os domínios de análise computacional sejam conhecidos como "opinion mining", "sentiment analysis" ou "subjectivity analysis" [80]. Este facto cria por vezes ambiguidade para o leitor ou para os principiantes neste domínio. De um modo geral, a informação textual divide-se em duas categorias. A primeira categoria é a informação factual que contém apenas factos, expressões objectivas sobre entidades ou eventos. A segunda categoria é a informação subjectiva que mostra o sentimento real, a opinião do escritor em relação a entidades e eventos. Nesta dissertação, consideramos o conceito de sentimento como a informação subjectiva que mostra os sentimentos ou opiniões de uma pessoa sobre um tópico ou assunto específico [81].

A análise de sentimentos é um método para captar o sentimento (sentimento ou opinião) das pessoas em relação a um tópico específico. Este domínio pode ser considerado parte da aprendizagem automática, do processamento de linguagem natural e da linguística computacional. Por outras palavras, normalmente tenta avaliar e extrair o sentimento das pessoas a partir da sua escrita. Na literatura, tem muitos nomes, incluindo análise da subjetividade, extração de opiniões e extração de avaliações [80]. Além disso, o sentimento do texto pode ser explícito ou implícito. Se for explícito, um texto dá diretamente um sentimento, como, por exemplo, (É um bom carro), enquanto que se for implícito, o texto implica um tipo de sentimento como, por exemplo, (O carregador só funciona durante uma semana). Mais formalmente, a SA pode ser definida como: Dado um texto t de um conjunto de textos T, atribuir computacionalmente etiquetas de polaridade p a partir de um conjunto de polaridades P de forma a que p reflicta a polaridade real que se encontra em T. Na análise de sentimentos, o primeiro passo visa determinar ou classificar se o conteúdo do texto é subjetivo ou objetivo. Esta tarefa é designada por classificação da subjetividade. A segunda tarefa é a análise do texto subjetivo para determinar qual das polaridades de sentimento ele possui. A força dessa polaridade varia de uma opinião para outra. Um exemplo disto é o facto de as opiniões dos utilizadores sobre um produto terem de ser classificadas como positivas ou negativas em relação ao alvo. Isto mostra uma polaridade binária. O trabalho será mais difícil quando a polaridade for alargada para incluir mais do que dois itens, por exemplo, se for adicionada a classe neutra. Outro tipo de sentimento inclui emoções como Sorry, Hugs, You Rock, Wow, etc. [82]. Aqui, a tarefa torna-se um desafio de classificação de múltiplas classes. O processo de classificação pode ser efectuado a diferentes níveis do texto: termo, frase, frase ou documento. Os resultados de cada nível são normalmente utilizados como entrada para o nível seguinte. Por exemplo, o resultado da avaliação da frase é utilizado e expandido para a classificação do documento. O nosso trabalho concentrar-se-á em encontrar o sentimento ao nível da frase e do documento. Outro tipo de análise de sentimentos é o que lida com o objetivo do sentimento ou a descoberta do objetivo do sentimento. A maior parte do trabalho que tem sido feito no domínio da análise de sentimentos relaciona-se com a descoberta de sentimentos relativos a um tópico ou alvo geral, como as opiniões dos utilizadores sobre um filme ou um produto. Nessas críticas, é fácil determinar o tópico, uma vez que se parte do princípio de que a crítica se refere a um produto específico. Por outro lado, é mais difícil no caso de um alvo desconhecido, como é o caso da análise de sentimentos baseada em características. É difícil determinar quais as características do produto sobre o qual o utilizador escreveu e, em seguida, determinar a opinião do utilizador sobre o mesmo. Por conseguinte, começa-se por explorar as características sobre as quais um utilizador escreveu, utilizando abordagens de extração de características [83]. O passo seguinte é determinar o sentimento ou a opinião sobre essas características. Este tipo de processo na análise de sentimentos não é considerado nesta dissertação. A classificação do sentimento é aplicada em diferentes domínios. Os domínios mais famosos são as críticas de filmes e as críticas de clientes num domínio de mercado. Foi feita muita investigação nestes domínios. As notícias são outro domínio que tem sido investigado por investigadores [84]. O tipo de dados que é utilizado na classificação do sentimento difere de um domínio para outro, bem como de uma língua para outra. Por outras palavras, um sistema de análise de sentimentos que funciona bem com críticas de filmes pode não funcionar tão bem com críticas de clientes. Este problema resulta da diversidade de sentimentos de um domínio para outro. Por conseguinte, a classificação do sentimento é muito específica de um domínio.

4.7   Análise de sentimentos em imagens

O tema das imagens nos microblogs só recentemente começou a atrair a atenção dos académicos. Que tipo de investigação tem sido efectuada sobre tweets com imagens? Para o efeito, fizemos uma pesquisa exaustiva de artigos relevantes de conferências e revistas multimédia tradicionais, bem como de motores de busca académicos (por exemplo, Google Scholar) através de palavras-chave. Em comparação com o volumoso número de estudos sobre tweets de texto, o número de artigos sobre tweets de imagens é relativamente pequeno. Os trabalhos anteriores abordam uma série de tópicos diferentes, que vão desde

1)   Analisar as características das imagens
2)   Classificar o sentimento representado em tweets de imagens
3)   Prever a popularidade de tweets com imagens
4)   Deteção de eventos multimédia
5)   Identificar imagens falsas e
6)   Exploração de multimédia

Figura 5: Um exemplo de imagem de microblog [85]

Nos últimos anos, os conteúdos multimédia, especialmente as imagens, são frequentemente utilizados nas redes sociais. Centenas de milhões de pessoas utilizam o Microblog para partilhar as suas opiniões na Internet. Devido à limitação das palavras e à intuição das imagens no Microblog, a maioria dos utilizadores está disposta a expressar as suas opiniões através da publicação de imagens. Por exemplo, na Fig. 5, um utilizador publicou uma fotografia de amigos no Microblog sem uma palavra, e o texto "Estou aqui" foi gerado pelo sistema Microblog. Todo o conteúdo desta publicação está oculto na fotografia, o que leva a problemas na análise de sentimentos tradicional baseada em texto. Por conseguinte, a análise visual de sentimentos torna-se mais importante para a análise de marketing de produtos e a análise de sentimentos do governo no Microblog. No entanto, a análise de sentimentos visuais está apenas a dar os primeiros passos e é mais difícil do que a análise de sentimentos baseada em texto. Em primeiro lugar, ao contrário da semântica do texto, a semântica visual está escondida nas imagens. Em segundo lugar, o sentimento visual é uma espécie de semântica visual de alto nível, e não existe um dicionário de semântica visual de alto nível como o Wordnet (um famoso dicionário semântico para análise de texto). Para obter sentimentos visuais a partir de imagens, é necessário extrair características de ontologia semântica visual de alto nível em vez de características visuais de baixo nível. Ao contrário das suas contrapartes de texto, as mensagens de imagem só foram estudadas num pequeno número de trabalhos. A maioria dos estudos aborda tarefas que têm origem no domínio dos tweets de texto (por exemplo, previsão de popularidade, deteção de eventos), e a sua principal contribuição consiste em incorporar características genéricas de imagem (por exemplo, características de baixo nível, características de aprendizagem profunda) para melhorar o desempenho da utilização de abordagens apenas de texto. Ao contrário dos tweets com imagens, as características dos tweets com texto (apenas) e o comportamento dos utilizadores em torno da sua criação e divulgação foram estudados durante anos. Por exemplo, o trabalho seminal [86] deu origem a uma série de trabalhos. Uma vez que os tweets com imagens são uma nova forma de comunicação, surge uma questão de natureza: quais são as características dos tweets com imagens? Tendo em conta o contexto social em que os tweets com imagens se inserem, esta questão pode ser investigada de diferentes ângulos. Em primeiro lugar, uma vez que as imagens geradas pelos utilizadores já existem há alguns anos em sítios Web de partilha de fotografias, por exemplo, o Flickr, serão as imagens nos microblogs semelhantes às fotografias nos sítios Web de partilha de fotografias? Em segundo lugar, para além da existência de imagens incorporadas, em que é que os tweets com imagens diferem dos tweets com texto, em termos de conteúdo textual e de vários comportamentos dos utilizadores? Em terceiro lugar, uma vez que os tweets de texto e os respectivos comportamentos de microblogging apresentam diferenças significativas no Twitter e no Facebook devido às diferenças entre as culturas ocidental e indiana, será que os tweets com imagens apresentam diferenças semelhantes? Embora os utilizadores de microblogs possam publicar uma imagem sem texto a acompanhar, isso é raro. Queremos saber porque é que as pessoas publicam imagens e texto e qual a natureza da sua correlação. As relações distintas entre imagem e texto indicam as motivações subjacentes do utilizador e constituem uma fonte de conhecimento útil para aplicações a jusante. Por exemplo, na tarefa de recuperação de tweets com imagens, é possível agrupar os tweets com imagens resultantes pela sua relação imagem-texto. Do mesmo modo, para melhorar a experiência do utilizador, pode dar-se prioridade à apresentação de tweets com imagens de acordo com a importância das relações imagem-texto num determinado contexto. Isto pode levar à criação de um sistema baseado num classificador que reconheça automaticamente o tipo de relação imagem-texto num tweet com imagem. Uma vez que a semântica das fotografias depende não só dos seus valores de pixéis, mas também do contexto em que a fotografia foi tirada e utilizada [87], é necessário desenvolver uma abordagem eficaz baseada na descoberta de emoções. Para interpretar corretamente as imagens de microblogs, é obrigatório passar da captura de propriedades visuais para a modelação do contexto.

4.8 Análise de sentimentos multimodal

Com a chegada do vosso tempo, estão a ser realizados vários trabalhos sobre a análise de sentimentos multimodal, como a criação de recursos, a identificação de tarefas, o desenvolvimento de abordagens e a procura de aplicações. De igual modo, várias revisões estão a ser concluídas sobre a análise MSA. Até à data, devido ao desenvolvimento adequado de ferramentas, a análise foi confinada maioritariamente a textos, exceto alguns sobre conteúdos visuais. A investigação mostra que a expressão visual das emoções contém mais informação do que o texto. No entanto, no caso da MSA, os dados de cada modalidade devem ser processados separadamente para obter os sentimentos. Depois, os resultados de cada modalidade devem ser integrados para obter a polaridade final ou os estados afectivos. Além disso, os estudos mostram que a investigação sobre cada uma das modalidades apresenta dificuldades diferentes, isoladamente ou no seu conjunto.

Vohra et al. [88] efectuam um estudo sobre ideias de análise de sentimentos, a sua aplicação e potenciais dificuldades, com ênfase apenas na AS textual, ignorando os problemas da ASM. Vidula et al. [89] efectuaram um estudo sobre o conjunto de dados de AS multimodal, estratégias para organizar o conjunto de informações, técnicas de AS e dificuldades e oportunidades futuras neste domínio. Fulse et al. [90] fizeram uma análise dos dados e modelos de sentimentos multimodais, mencionando as dificuldades e oportunidades de integração dos resultados de vários modos num sistema de reorganização de emoções. Ravi et al. [91] fizeram um levantamento das abordagens de tarefas e aplicações de SA e mencionaram em pormenor as oportunidades e dificuldades da análise de SA, no entanto passaram despercebidas as análises de MSA.

Medhat et al. [92] efectuaram um estudo aprofundado apenas sobre algoritmos de AS, sem ter em conta o MSA. Categorizaram os algoritmos com base na ideia da sua utilização no conjunto de dados e no domínio. Além disso, resumem as abordagens e o conjunto de dados, atacando a ideia das suas aplicações. Marjan [93] efectuou uma revisão, onde mencionou técnicas de fusão completamente diferentes e os seus resultados no sistema de reconhecimento de emoções. Além disso, mencionou em pormenor os problemas de desempenho e robustez do MSA, bem como os desafios e oportunidades futuros. Apple et al. [94] efectuou um estudo sobre ideias de SA, análises existentes sobre SA e consultas de análises futuras em SA. Além disso, compararam algoritmos completamente diferentes de SA. Por fim, sugeriram uma série de oportunidades e dificuldades da AS. Mas ignoram por completo a dificuldade da MSA. Osimo [95] centrou-se em encontrar a lacuna de análise juntamente com os desafios de análise em SA para futuros investigadores neste domínio. Além disso, resumem a análise atual, que está a ser realizada neste domínio, juntamente com os problemas de análise a curto prazo e futuros, ignorando a MSA. A maior parte dos investigadores em cima da discussão não se apercebeu dos problemas da MSA. Embora alguns deles tenham reparado nos problemas, estes eram de natureza restrita. Durante este estudo, identificámos as dificuldades na análise existente; apresentamos uma recomendação útil sobre as oportunidades de análise futura. A seguir, é apresentada uma visão pictórica da MSA.

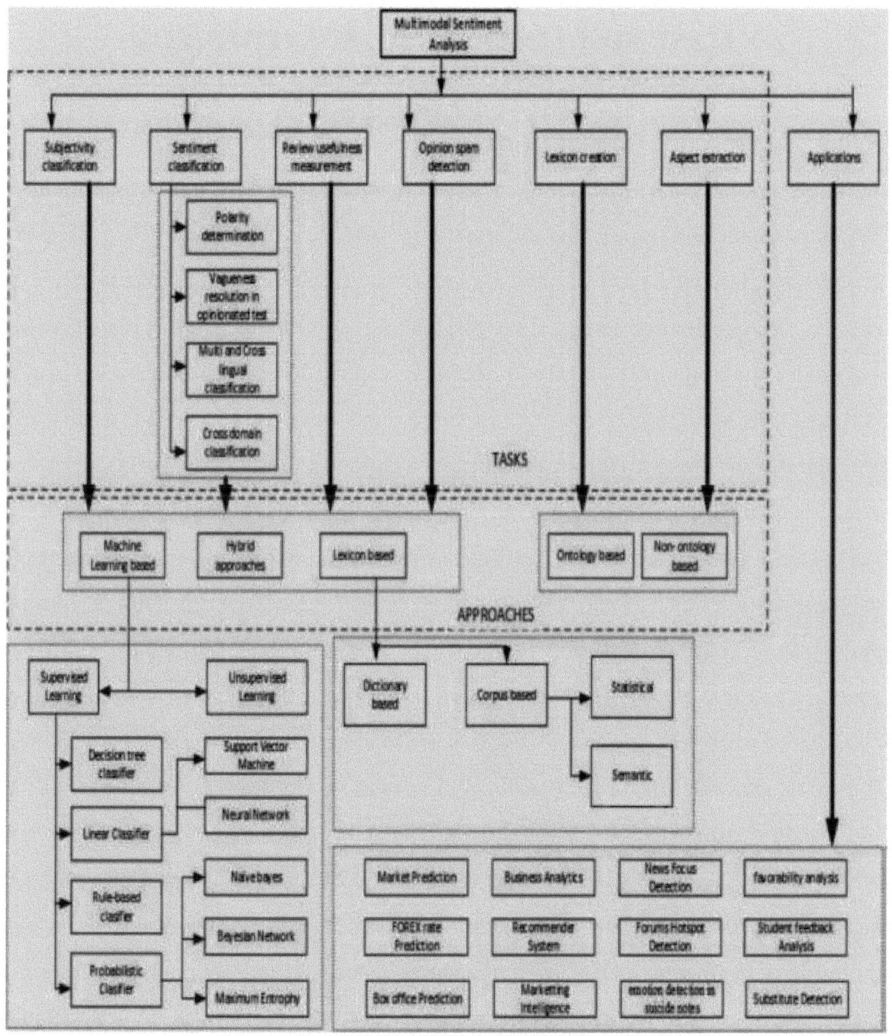

Figura 6: Tarefas, abordagens e aplicações da análise multimodal de sentimentos

[88]

ANÁLISE MULTIMODAL DE SENTIMENTOS: OPORTUNIDADES E DIFICULDADES

4.9 Oportunidades de investigação da MSA

A abordagem baseada na atividade facial em imagens e vídeos foi aplicada por Joho et al. [96] para seguir os vectores de movimento no rosto de uma pessoa. Esta análise cria uma nova oportunidade para os investigadores explorarem muitos pontos-chave do rosto, uma vez que apenas detecta doze pontos-chave utilizando muitas técnicas. Ahn [97] aplicou um modelo de acções lineares e faciais a partir do semblante para a classificação de sentimentos. As hipóteses que a sua análise produz são: a utilização de um modelo não linear no mesmo domínio e a caraterística de emoções contínuas em constante mudança, como o movimento da íris, etc., com muita precisão. Dumoulin et al. [98] usaram uma abordagem classificada para ter um efeito no reconhecimento do rosto, onde, eles observam mecanicamente as emoções do rosto nos filmes. Mas, os empregos de suavização temporal para o avanço da deteção de emoções a partir de filmes são a chance de análise de longo prazo. Dupplaw et al. [99] usaram a plataforma Testbed para extrair sentimentos de dados de texto e imagem. No entanto, os resultados da análise de sentimentos de texto e imagem podem ser melhorados utilizando Future Predictor Applications (FPA) e Media Content Analysis (MCA), o que pode ser uma hipótese futura. Chen et al. [100] utilizaram SVM ponderada e SVM proporcional para a classificação de sentimentos a partir de dados de imagem e texto e obtiveram uma melhoria de desempenho de 50% em relação ao estado da arte da análise. Eles têm a possibilidade de utilizar a abordagem semelhante em vários domínios, uma vez que só aplicaram ao domínio político. Dados de modalidades semelhantes foram explorados por Baecchi et al. [101] para a extração de lados utilizando alguns modelos de redes neurais como Skip-gram e De-noising Auto-encoders. Uma vez que estes modelos foram aplicados a dados do Twitter, podem também ser aplicados a dados de redes sociais alternativas. Leeman-Munk [102] utilizou modelos baseados em aprendizagem profunda e em topologia em dados da mesma modalidade para procurar o resultado de dados multimodo em relação a dados de modo único na avaliação de estudantes e obteve um desempenho superior. De acordo com eles, a hipótese a longo prazo é explorar muitas modalidades para criar um sistema personalizado. A técnica de fusão de informação baseada em kernel (KCFA) e a máquina de aprendizagem extrema (ELM) foram utilizadas por Poria et al. [103] para classificar sentimentos a partir de texto, áudio e vídeo. A sua análise superou o desempenho do sistema de ponta em vinte e dois,90%. No entanto, as oportunidades futuras apresentadas por eles são o avanço da classificação de sentimentos utilizando muitos mecanismos de fusão personalizados de características psicológicas e alguns algoritmos de aprendizagem não supervisionados e semi-supervisionados. Siddiquie et al.[104] exploraram adicionalmente uma modalidade idêntica para viver a utilidade "Review" através do emprego da fórmula Simple Linear Iterative Clustering (SLIC), SVM, e Convolution Neural Networks (CNNs) e localizaram vídeos politicamente ligados que apresentam muitos comentários negativos poderosos do espetador do que vídeos não persuasivos. A exploração das intenções e da estética seriam as potenciais oportunidades futuras. Poria et al. [105] utilizaram estratégias de fusão ao nível da decisão e das características para fundir informação afectiva de texto, áudio e vídeo, aplicando algoritmos Naïve Thomas Bayes, SVM, ELM e redes neuronais, e melhoraram o desempenho da análise mais avançada em 20%. O desempenho pode ser melhorado adicionalmente através da investigação do semblante baseado no olhar e no sorriso, do reconhecimento facial 3D e da aplicação de muitas técnicas. Pereira et al. [106] aplicaram a análise de sentimentos multimodal baseada no conteúdo em dados de texto, imagem, áudio e vídeo em vídeos de televisão e obtiveram resultados acessíveis e colocam a hipótese de aplicar uma técnica idêntica na exploração de vídeos em geral. Liu [107] utilizou o modelo Multimodal Deep Belief Networks (MDBN) para encontrar previsões de ligações com resultados promissores, que podem ser alargados aplicando um modelo idêntico a domínios alternativos. Para a classificação da subjetividade a partir do texto, da imagem e do vídeo, Maynard et al. [108] aplicaram modelos de forma ativa, modelos de olhar ativo, modelo nativo forçado e abordagens linguísticas e baseadas em regras. As oportunidades existentes no seu trabalho são - uma utilização aprofundada da análise do discurso e da deteção de sarcasmo.

Rhoet al. [109] utilizaram o modelo de Thayer e o modelo TWC para detetar emoções em imagens, áudio e vídeo. No entanto, a utilização do modelo de mistura gaussiana (GMM) e do SVM pode trazer para casa muitos resultados correctos.

4.10 Dificuldades de investigação da MSA

De acordo com Vidula et al. [89], as dificuldades na análise MSA são a criação de um conjunto de dados multimodais, a deteção de emoções ocultas a partir de dados multimodais e a fusão de resultados de sentimentos multimodais. A classificação de textos, imagens e conteúdos visuais de microblogs foi efectuada por Zhao et al. [110] utilizando SVM. As suas características extraídas são imagens linguísticas de alto nível, características visuais de baixo nível e características de texto TF- IDF. As dificuldades que ainda precisam ser resolvidas são a falta de espaço entre o conteúdo visual e o texto, a incompatibilidade e a variedade de informações durante um microblog. Wang et al. [111] resolveram as dificuldades da lacuna linguística entre sentimentos visuais de baixo nível e características de imagem de alto nível nas imagens sociais com o emprego de um modelo SA não supervisionado. No entanto, a AS para a geo-localização, a informação de ligação e o histórico do utilizador são algumas das dificuldades que também têm de ser resolvidas. Maynard et al. [112]trataram as dificuldades da AS, como o texto mal formado, a utilização de palavrões, o sarcasmo, as imprecisões de alinhamento do modelo facial a partir do texto e da imagem, recorrendo a uma abordagem baseada em regras e ao Locality Sensitive Hashing (LSH). A resolução de coreferências, os enunciados curtos e os documentos com informação implícita, os tokens implícitos característicos e multidimensionais nas imagens constituem dificuldades que têm de ser resolvidas. De acordo com Islamic Group et al. [113], as dificuldades futuras na previsão do sentimento visual são a construção e a compreensão profunda da ontologia visual e GIF. Marjan [93] realizou uma pesquisa e localizou as dificuldades futuras subsequentes que precisam de ser resolvidas de forma meticulosa para o MSA, como a identificação de imagens com oclusão de mãos, ruído, baixas resoluções e movimento de objectos, o desenvolvimento de um reconhecedor de afectos para o reconhecimento do comportamento afetivo humano multimodal, a fusão de características de modalidades completamente diferentes no que diz respeito à estrutura dinâmica variada, à escala de tempo e aos níveis métricos, a extração de características linguísticas e paralinguísticas fielmente do canal de áudio, a construção de um modelo de contexto com campos completamente diferentes como a identificação de uma pessoa, o discurso, etc. De acordo com Saif et al. [114], as dificuldades na análise MSA são a linguagem coloquial, os textos curtos, os elementos específicos da plataforma e os grandes volumes de dados em tempo real. Panda et al. [115] planearam um modelo para lidar com as dificuldades relacionadas com o reconhecimento multimodal de emoções musicais. Outras dificuldades que têm de ser resolvidas no seu trabalho são o aumento da dimensão do conjunto de dados, a incorporação do lugar-comum, a utilização de opções linguísticas no âmbito da emoção mais forte das letras das canções, as opções melódicas, MIDI e líricas do áudio. Wales et al. [116] planearam uma abordagem para lidar com a interpretação contínua de informação multimodal abstrata e afectiva em alguns domínios. Mas este trabalho coloca outras dificuldades, como a interpretação distinta da informação multimodal abstrata e afectiva, bem como os vários domínios da multimodalidade no âmbito do estudo da informação útil. De acordo com Langlet et al. [117], as dificuldades na abordagem dos sentimentos na interação homem-agente são a gestão das disfluências do discurso e a identificação entre sentimentos implícitos e expressos de agrado e desagrado. De acordo com Zadeh et al. [118], as dificuldades actuais e futuras na análise MSA são a criação do conjunto de dados. Criaram um conjunto de dados de nível lateral que associa anotações sobre a intensidade do sentimento e a subjetividade. No entanto, continuam a existir dificuldades em criar o conjunto de dados de multimodalidade ao nível do documento e da frase. Durante um estudo, Schuller et al. [119] descobriram que as principais dificuldades associadas à análise MSA consistem em recolher, anotar e explorar eticamente o corpus afetivo e comportamental. A partir de uma investigação efectuada por Fulse et al. [90] sobre modos de entrada completamente diferentes, os seus resultados entre si e as técnicas de fusão, verificou-se que as modalidades múltiplas, no seu conjunto, apresentam resultados mais elevados do que um único modo. De acordo com eles, as dificuldades da análise MSA incluem a abordagem dos efeitos culturais, a variação linguística, numerosos contextos e a passagem do modo único para o multimodal. Yadav et al. [120] realizaram um estudo no formato audiovisual para explorar sentimentos e obtiveram uma melhoria extremamente excecional no desempenho do que no texto. Outras dificuldades em análises semelhantes são a incorporação de muitos pontos de características na análise de sentimentos a partir do rosto, a exploração de vídeos maiores, a fusão de opções de discurso com emoções faciais e a sumarização de vídeos.

RESUMO

A sumarização produz uma versão de meio comprimento do texto que contém informações vitais ou relevantes para o utilizador. A sumarização delineia ou resume o documento ou simplifica o texto através da compressão de frases. Nestes casos, são feitas principalmente duas coisas: resumir um único documento para fornecer um resumo e resumir vários documentos para fornecer uma série de histórias ou histórias sobre o mesmo evento ou um conjunto de conteúdos Web relativos a um determinado tópico[121]. Existem principalmente dois tipos de sumarização: a primeira é a sumarização genérica, em que tendemos a resumir o conteúdo do documento, e a segunda é a sumarização centrada na consulta, em que tendemos a resumir o que gostaríamos de ver expresso na pergunta do utilizador. Existem duas formas de sumarização: a primeira é a sumarização extractiva, que se baseia em frases ou sentenças no documento de origem, e a segunda é a sumarização abstractiva, em que se resumem ideias específicas no documento de origem utilizando palavras completamente diferentes. A fórmula de base da sumarização é exigir a frase inicial porque representa melhor o documento. Na sumarização, há principalmente três etapas [122,123]

4.11 Seleção de conteúdo - extrair as frases que pretendemos do documento.

4.12 Ordenação da informação - optar pela ordem para colocar as frases em esquema e

4.13 Realização da frase - simplificação da frase no esboço.

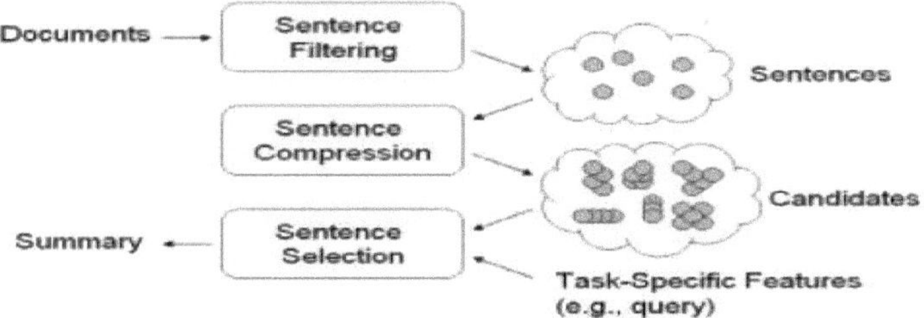

Figura 7: A arquitetura básica da estrutura de sumarização [122]

Para a previsão, queremos investigar a enorme quantidade de informação e resumir para exigir uma chamada. Em primeiro lugar, tendemos a estabelecer as categorias de sentimento e a resumir para procurar domínios completamente diferentes e criar uma análise baseada em chamadas.

7.151 resumo de um único documento

É o processo de extração de dados de um texto único. Geralmente gera pequenos resumos [124]. É a abordagem menos eficaz. A maioria das abordagens à sumarização de um único documento envolve a extração de frases do documento e a maioria dos sistemas de sumarização de um único documento, até certo ponto, utiliza a estrutura monolítica do documento. Por exemplo, uma forma simples mas bastante eficaz de escrever um resumo para um documento único é pegar na primeira frase de cada parágrafo e juntá-las na sua ordem original.

7.152 Compactação multi-documento

Trata-se de um procedimento automático orientado para a extração de dados de vários textos escritos sobre um tema idêntico. A sumarização de contornos permite que os utilizadores individuais, tal como os compradores de informação qualificados, se familiarizem rapidamente com a informação contida num conjunto massivo de documentos. Desta forma, os sistemas de sumarização multi-documento estão a complementar as artes performativas do agregador de notícias, dando o passo seguinte no sentido de lidar com a sobrecarga de informação. A sumarização multi-documento também pode ser usada como resposta a uma questão. [125]

A compactação multi-documento cria compactações de informação que são simultaneamente compactas e abrangentes. Com opiniões completamente diferentes a serem colocadas e tornadas públicas, cada tópico é representado a partir de múltiplos pontos de vista num só documento. Enquanto o objetivo de um resumo rápido é alterar a pesquisa de informações e reduzir o tempo, apontando para os documentos de fornecimento mais relevantes, um resumo abrangente de vários documentos deve conter em si as informações desejadas, limitando assim a necessidade de aceder aos ficheiros originais aos casos em que é necessário um refinamento. Os resumos automáticos apresentam informações extraídas de múltiplas fontes de forma algorítmica, sem qualquer parte editorial ou intervenção humana subjectiva, criando assim uma total imparcialidade. A maior parte da análise sobre a sumarização de documentos tem-se centrado na sumarização de múltiplos documentos; isto é frequentemente muito relevante para os sites de notícias, sempre que existem documentos de várias agências noticiosas no mercado. A compactação de um único documento é muito relevante para simplificar a informação. Um sistema perfeito de sumarização multi-documento não só encurta os textos fornecidos, mas também apresenta informações organizadas em torno dos aspectos-chave para representar vários pontos de vista. O sucesso produz um resumo de um determinado tópico. Estas compilações de texto devem também satisfazer as necessidades básicas de um texto de síntese compilado por uma pessoa. Os critérios de qualidade do esquema multi-documento são os seguintes

- Estrutura clara, bem como uma vista de nível superior do conteúdo mais importante, a partir da qual é simples navegar para as secções completas do texto

- O texto das secções está dividido em parágrafos significativos

- Transição gradual de muitos aspectos gerais para muitos aspectos temáticos específicos

- Boa legibilidade.

Este último objetivo merece uma nota adicional. É necessário confirmar que o resumo automático mostra:

- Nenhum "ruído de informação" não relacionado com o papel proveniente de vários documentos (por exemplo, páginas Web).

- Não há referências de apoio ao que não é mencionado ou explicado no resumo.

- Não há quebras de texto numa frase.

- Sem redundância linguística.

7.153 Tendências de resumo de vários documentos:

Vários estudos de análise abordaram a sumarização de documentos múltiplos no meio académico [126,127,128] e ilustraram diferentes tipos de abordagens e sistemas de mercado para a sumarização de documentos múltiplos. Durante este estudo, tendemos a concentrar-nos sobretudo em quatro abordagens documentadas para a sumarização de documentos múltiplos. As nossas discussões são apoiadas no padrão subsequente: para cada técnica, discutiremos inicialmente o seu plano principal. De seguida, analisaremos alguns estudos de análise da literatura relacionada. Finalmente, comentamos as vantagens e limitações de cada técnica.

Método baseado em características

A sumarização extrativa implica caraterizar as frases mais relevantes do texto e colocá-las juntas para fazer um esboço compacto. No método das frases vitais características, são determinadas as características que influenciam a ligação das frases. Aqui tendemos a listar uma série de opções comuns que são pensadas para a escolha de frases.

Frequência de palavras: a ideia de utilizar a frequência de palavras é que as palavras vitais aparecem repetidamente no documento. Os métodos mais comuns utilizados para calcular a frequência das palavras são o tf e o idf.

Título/palavra-chave: a incidência de palavras do título do documento na frase indica que a frase é muito relevante para o documento.

Localização da frase: as informações vitais de um documento são geralmente apresentadas pelos redactores no início do artigo. Por conseguinte, presume-se que as frases iniciais contêm o conteúdo vital mais importante.

Comprimento das frases: as frases muito curtas não são normalmente incluídas num esquema, uma vez que transmitem menos informação. As frases muito longas não são adequadas para representar um esquema.

Palavra-chave: Há palavras certas durante uma frase que indicam que a frase está a transmitir uma mensagem muito importante no documento (por exemplo, "significativamente", "em conclusão").

Substantivo próprio: As frases que contêm um substantivo que representa uma entidade singular, como o nome de alguém, uma organização ou um local, são consideradas vitais para o documento.

Abordagem de compressão de frases

A compressão de frases apoia a sintetização extractiva de vários documentos, reduzindo o comprimento dos candidatos a esboço enquanto protege o seu conteúdo relevante, permitindo assim a inclusão de mais material [129]. Descobriu-se que algumas palavras, como adjectivos, advérbios, verbos conjugados, etc., serão realmente retiradas de algumas frases, sem perder o significado das frases. Os algoritmos de extração têm uma forte tendência para escolher frases longas do texto (uma vez que a frequência e a distribuição das palavras são geralmente cruciais e são mais elevadas nas frases longas, mesmo quando o comprimento da frase é tido em conta). O comprimento padrão do resumo (250 palavras) permitiu uma grande aplicação da metodologia de redução de frases na sumarização. Encurtar as frases extraídas é muitas vezes a forma de reduzir o esquema que se segue, uma vez que o significado (essencial) da frase é preservado.

Abordagem baseada em gráficos:

Na Sumarização, os documentos são representados como gráficos. Os nós do grafo representam as frases do documento, enquanto as arestas representam o peso entre as frases. Formas completamente diferentes utilizam formas alternativas de representar os seus nós. Algumas utilizam apenas a frequência das palavras (depois de remover as palavras de paragem) dentro do texto para representar as frases. Algumas utilizaram a frequência de palavras stemmed [stemmer], palavras de raiz, conceitos, palavras mais populares (conforme o caso) para representar os nós no gráfico. O peso TF e TF*IDF destas palavras pode até ser utilizado para representar palavras dentro da frase. Todas as frases do documento devem ser representadas no gráfico e não deve haver um nó com valor zero numa determinada fase. Os pesos são habitualmente calculados com base na semelhança da função trigonométrica, sempre que todas as frases estão ligadas entre si para determinar o peso de cada uma.

7.154 Compactação automática

A sumarização automática de texto é o método de criar mecanicamente uma versão comprimida de um determinado texto que contém informações úteis para o utilizador. Além disso, o facto de a informação continuar a aumentar e de as pessoas abandonarem a antiga metodologia (baseada em papel) de armazenamento de informações, a sumarização automática é uma das formas de recuperar informações da base de dados, em especial da Web. A sumarização automática é o ato de recuperar informações convincentes de documentos e apresentá-las sob a forma de resumo. Com a nova tecnologia de computação em nuvem, armazenamento de dados e big data, onde quer que seja possível aceder a bases de dados e repositórios totalmente diferentes, tem sido difícil obter informações correctas. Cada informação relevante e discutível é aberta aos utilizadores, no entanto, induzir a informação precisa necessária demora normalmente mais tempo e, além disso, provoca uma sobrecarga de informação. É possível obter uma quantidade excessiva de informação, mas a obtenção de texto com ligação a partir destes documentos electrónicos, independentemente dos milhões de documentos ligados, torna a sumarização automática uma missão a explorar. A sumarização automática ajuda a poupar tempo no processo de conhecimento e, além disso, ajuda na criação através da remoção de informações que se espera que sejam utilizadas em menor quantidade.

7.155 Questões relativas à sintetização automática

A ambiguidade das palavras pode ser um grande problema que ainda não foi resolvido na AS (sumarização automática). Palavras com significados totalmente diferentes (como banco ao lado de um riacho ou onde o dinheiro é guardado) podem aparecer no mesmo texto, mas podem ser mal interpretadas para significados diferentes. Também as anáforas, como a palavra de função (por exemplo, ele) que se refere a uma entidade na(s) frase(s) anterior(es), podem ser uma boa preocupação, particularmente quando a frase é estratificada acima das frases de referência. Durante um relato multi-documento, há uma prova de duplicação ou redundância no esquema. Isto deve-se muitas vezes ao facto de as informações do documento A aparecerem no documento B, o que as torna candidatas inteligentes a serem delineadas. Apenas uma dessas frases deve permanecer no esquema. [132] Utilizou a distinção de texto para eliminar frases duplicadas, colocando o limite da frase a zero.8 No entanto, este método não eliminou totalmente a redundância devido à sua falta de formação linguística. Uma vez desenvolvidos os resumos automáticos para imitar os resumos humanos, há ainda uma enorme lacuna a preencher. Isto deve-se muitas vezes ao facto de a maior parte dos sistemas de contabilidade medirem resumos de extractos e de ser extremamente raro que os resumos humanos possam ter precisamente as mesmas frases no texto principal. A definição de resumo significa a capacidade de conhecer e compreender o texto e estar pronto para fornecer a versão curta da história [133]. Nenhum sintetizador está preparado para atingir este objetivo. O resumo é difícil porque o sistema pode ter de ser obrigado a construir frases por si próprio e deve estar preparado para construir um inglês correto. Outra questão é a das estratégias de análise empregues no sistema de teste de contas. Os métodos comuns de avaliação da sumarização automática de textos são o Resumo Gerado pelo Homem e o ROUGE (Recall Oriented Understudy for Gisting Evaluation). O ROUGE define a avaliação padrão utilizando o resumo produzido por humanos e compara o resultado com outros resultados dos sistemas executados no ROUGE. A precisão e o Recall F-score são calculados para dois ou mais sistemas. Outros parâmetros, como a coerência e a informatividade do resumo, não são testados automaticamente.

7.156 Avaliação de resumos: Um problema mais difícil?

É muito importante saber se os resumos construídos satisfazem as necessidades de informação dos leitores. Por conseguinte, são necessários métodos de avaliação adequados e fiáveis para medir o desempenho dos sistemas de compactação. O objetivo desta secção é dar uma visão geral dos tipos de avaliação utilizados para medir o desempenho dos sistemas de resumo. Em primeiro lugar, a avaliação da qualidade dos resumos é uma tarefa difícil por várias razões. Como Schriver [134] salientou, medir a qualidade do texto pode ser muito subjetivo. Por exemplo, dado o mesmo resumo sobre um artigo noticioso, alguns leitores podem considerá-lo informativo e outros não, devido aos seus conhecimentos prévios. Entretanto, ainda não é claro como quantificar muitos aspectos da qualidade do resumo, como a clareza, a formatividade ou a coerência. É muito comum que sistemas diferentes possam gerar resumos comparáveis com significados semelhantes, utilizando palavras, frases ou sentenças diferentes. Mais importante ainda, o objetivo final da criação de resumos é melhorar a experiência de leitura dos utilizadores e o desempenho da tarefa, por exemplo, absorvendo o conhecimento de uma forma mais rápida. Por conseguinte, em alguns cenários, é necessária uma avaliação específica da tarefa para medir até que ponto os resumos servem o objetivo

ASPECTOS ALTERNATIVOS

8.1 Efeito no indivíduo, na sociedade e na empresa:

Muitos analistas de empresas que utilizam avaliações em linha acreditam que estas avaliações gerem significativamente as suas formas de promoção, bem como as escolhas de compra dos utilizadores. Hoje em dia, os utilizadores procuram e dependem continuamente de recomendações e sugestões on-line, sugestões em vez de perguntarem a um indivíduo explícito sobre a sua alternativa. Devido à expansão e à acessibilidade direta da Internet, é simplesmente possível encontrar opiniões expressas e feedbacks partilhados de indivíduos de todos os cantos do mundo, apesar das suas profissões e experiência no domínio explícito. E, inversamente, vários utilizadores estão a divulgar o seu texto restrito no mercado a estranhos através da Internet e dos sítios das redes sociais. As principais conclusões relativas ao impacto da análise de sentimentos no indivíduo, na sociedade e nas organizações são explicitadas a seguir, de acordo com o inquérito sobre os Fundamentos da análise de sentimentos: Aaron Smith e Monica Anderson [135] referem que os pormenores das avaliações em linha se baseiam nas compras em linha e no comércio eletrónico. Este inquérito revela que uma maioria substancial do público incorpora agora as classificações e críticas dos clientes nos seus processos de decisão quando compra algo novo: 82% dos adultos norte-americanos afirmam que, pelo menos por vezes, lêem as classificações ou críticas dos clientes em linha antes de comprarem artigos pela primeira vez, incluindo 40% que afirmam que o fazem sempre ou quase sempre. Um pouco mais de metade (53%) dos jovens entre os 18 e os 29 anos e 47% dos jovens entre os 30 e os 49 anos afirmam que lêem sempre ou quase sempre as opiniões online quando compram algo pela primeira vez. Menos adultos com idades compreendidas entre os 50 e os 64 anos (34%) ou com 65 anos ou mais (23%) adoptam sistematicamente este tipo de comportamento de compra em linha. A frequência com que as pessoas lêem críticas online também está correlacionada com a frequência com que fazem compras online. Cerca de dois terços (67%) dos

Os compradores semanais em linha afirmam que lêem quase sempre as opiniões dos clientes antes de comprarem novos artigos, em comparação com 54% dos compradores mensais em linha e 38% dos que afirmam fazer compras em linha com menos frequência. De um modo geral, os compradores em linha têm oito vezes mais probabilidades do que os que nunca fazem compras em linha de afirmar que costumam consultar as críticas em linha antes de comprarem algo pela primeira vez (49% contra 6%).

Para além de lerem críticas em linha, muitos americanos vêem vídeos em linha para os ajudar a tomar decisões de compra: 55% dos adultos norte-americanos afirmam ter visto vídeos de avaliação de produtos em linha. Os vídeos de avaliação de produtos são também mais comuns entre as pessoas com menos de 50 anos do que entre as pessoas

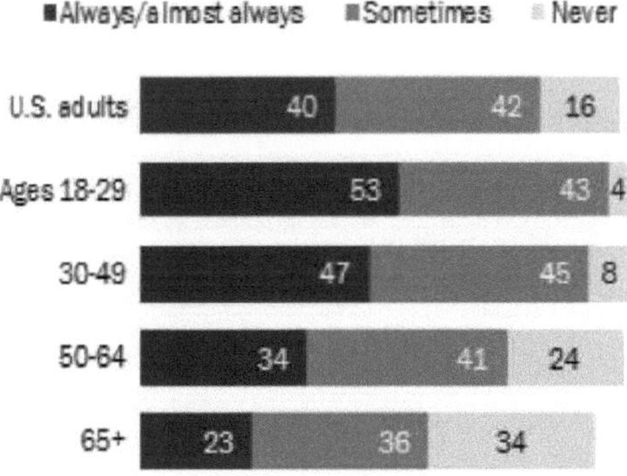

com 50 anos ou mais (68% vs. 41%) e mais comuns entre os homens do que entre as mulheres (62% vs. 50%).

Figura 8: inquérito realizado sobre compras em linha e comércio eletrónico [135]

Cerca de um em cada dez americanos publica quase sempre as suas próprias opiniões sobre cada um destes itens, enquanto cerca de metade publica por vezes as suas próprias opiniões sobre produtos e serviços (uma percentagem ligeiramente inferior - 43% - publica por vezes as suas próprias opiniões sobre os restaurantes que visita). As diferenças de idade são modestas quando se trata de fazer críticas sobre restaurantes ou outros serviços, mas os americanos com menos de 50 anos têm muito mais probabilidades de deixar as suas próprias críticas sobre produtos do que os adultos mais velhos. 71% das pessoas com idades compreendidas entre os 18 e os 49 anos fazem, pelo menos por vezes, as suas próprias opiniões sobre os produtos que compram, em comparação com 49% das pessoas com 50 anos ou mais.

Este inquérito revela que 39% dos adultos americanos afirmam ter partilhado as suas experiências ou sentimentos sobre empresas ou produtos em sites de redes sociais como o Facebook ou o Twitter. Cerca de 55% dos jovens entre os 18 e os 29 anos já adoptaram este comportamento, tal como metade (50%) dos jovens entre os 30 e os 49 anos. As pessoas que partilharam as suas experiências de cliente nas redes sociais afirmam que o fizeram por uma mistura de razões positivas e negativas. Entre os que falaram sobre as suas experiências com uma empresa ou produto nas redes sociais, 86% indicam que o fizeram depois de uma boa experiência, enquanto 77% dizem que o fizeram depois de uma má experiência.

8.21 mportância da análise de sentimentos nas redes sociais

A análise do sentimento nos meios de comunicação social é uma oferta requintada de informação e deve fornecer informações que possam [136]:

- Determinar a estratégia de promoção
- Melhorar o sucesso da campanha
- Melhorar a comunicação eletrónica dos produtos
- Melhorar o serviço ao consumidor
- Testar os KPI (indicadores-chave de desempenho) da empresa
- Gerar contactos

Em suma, se for feita corretamente, a análise de sentimento das redes sociais pode melhorar os seus resultados. No entanto, se estiver a fazer escolhas utilizando informações de análise de sentimentos incorrectas, os resultados são ruinosos. A maioria dos fornecedores de análise de redes sociais admite (se os pressionarmos o suficiente) que os seus algoritmos de análise de sentimentos estão, na melhor das hipóteses, 60-70% correctos. Eu, sem dúvida, não gostaria de fazer escolhas comerciais com base numa precisão de 50 % por hora, e estou convencido de que você também não! Então, o que é que se deve procurar num algoritmo de análise de sentimentos muito inteligente? O estudo da análise de sentimentos, se for bem feito, é excecionalmente sofisticado e é, na verdade, um campo de estudo e não apenas uma caraterística de uma ferramenta de redes sociais.

Provavelmente reconhece a qualidade quando se apercebe da quantidade de vezes que as pessoas interpretam mal as conversas ou interpretam mal a palavra. Além disso, partes como substância e jargão tornam ainda mais difícil descobrir o que implica as palavras. Mas tendemos a alterar este assunto, portanto, de medição em uma posição para decidir ferramentas de merchandiser? Há estilos de coisas a ter em conta.

8.22 Impacto na tecnologia móvel

O telemóvel cria a oportunidade de solicitar e recolher feedback no local, no ponto de serviço, e de compreender as escolhas das pessoas enquanto fazem o que estão a fazer. (É claro que é preciso ter em conta os regulamentos e as expectativas em matéria de privacidade.) E ao recolher dados sobre a localização e o tempo, juntamente com sentimentos, associados a actividades, obtém-se variáveis de análise adicionais que podem alimentar modelos de previsão mais capazes e mais precisos. O telemóvel é enorme, de muitas e muitas formas. A análise de sentimentos utiliza a soma de chamadas móveis para criar dados para a análise de sentimentos.

Consideramos a descrição de uma aplicação móvel como um atributo do produto criado para estimular e encorajar os potenciais clientes a transferirem a aplicação. Segundo Hassenzahl [137], existem 2 aspectos relacionados com os atributos do produto: (1) atributos pragmáticos do produto e (2) atributos hedonísticos do produto. Com a relevância da faceta pragmática, a descrição de uma aplicação móvel está habituada a transmitir aspectos práticos relevantes da aplicação, por exemplo, a aplicação é "fácil de usar", "apoia", "útil" ou "controlável". Este tipo de atributo prático do produto é essencialmente instrumental e é utilizado para satisfazer objectivos de atividade dados externamente ou gerados internamente. Isto está muitas vezes de acordo com as sugestões de estudos no domínio da promoção que têm em conta a descrição de um produto como um atributo que assinala a qualidade da mercadoria que, em última análise, acaba na intenção de compra dos clientes. Além disso, temos tendência para comparar quantitativamente as palavras de sentimento nas descrições das aplicações.

Nas 30 classes de aplicações, mais ou menos 90% de todas as aplicações do conjunto de dados estão categorizadas na classe de sentimento de antecipação. Este resultado não é surpreendente devido à natureza das descrições das aplicações, que são normalmente escritas de forma persuasiva. A antecipação foi então afastada da análise, pelo que os resultados de emoções alternativas são investigados.

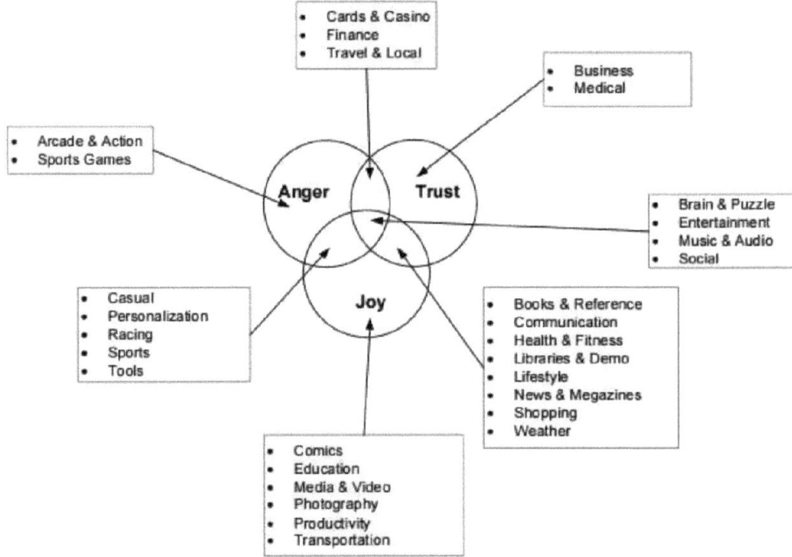

Figura 9: Emoções salientes nos 10% de aplicações mais descarregadas [137]

No que diz respeito ao lado hedónico, Hassenzahl [137] projectou que os atributos hedónicos do produto influenciarão os estados emocionais dos indivíduos. O lado hedónico do produto de pacote de software pode ser dividido em proporcionar estimulação, identidade de comunicação e agitar memórias valiosas. Todas estas três dimensões do lado hedónico são normalmente expressas nas descrições das aplicações móveis, de modo a estimular o interesse, chamar a atenção e evocar emoções positivas nos compradores.

RECURSOS DISPONÍVEIS

9.1 Etiquetas para o conjunto de dados

Fonte: https://arxiv.org/pdf/1509.07612.pdf

Descrição: Para obter uma leitura representativa da composição de etiquetas do fluxo do Twitter do público em geral, tendemos a amostrar indiscriminadamente o nosso conjunto de dados a partir de um conjunto de cerca de quarenta e três milhões de tweets com as suas datas de criação a partir de junho de 2012 a agosto de 2013 para reduzir o viés tópico. Cada tweet foi etiquetado por dois etiquetadores humanos que tiveram de lhe atribuir uma das etiquetas: positivo, negativo, inseguro ou spam. No total, 14506 tweets foram etiquetados por vinte e sete etiquetadores. Os etiquetadores eram estudantes de mestrado da Universidade de Osnabruck, de um país europeu e

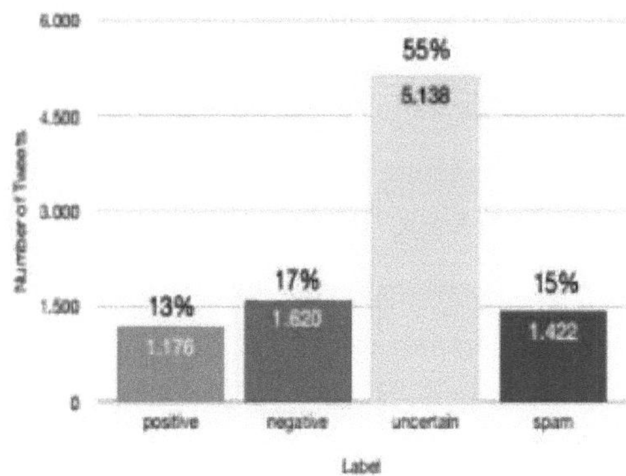

investigadores do nosso grupo.

Figura 10: Distribuição de etiquetas para tweets que cada etiquetador atribuiu [138]

Fonte: http://www.dline.information/jcl/fulltext/v6n2/v6n2_3.pdf

Descrição: Por detrás do programa gráfico de computador, a fórmula abaixo calcula o valor e também o código verifica o valor do resultado dentro do ficheiro Positive.txt, Negative.txt juntamente com o ficheiro SentiWordNet_3.0.0.txt para a etiqueta dos sentimentos de distribuição. A fórmula dada por:

Pontuação objetiva = um - (Pontuação positiva + Pontuação negativa)

Fonte: http://homes.cs.washington.edu/~pedrod/papers/iis04.pdf

Descrição: no contexto da promoção de um agente infecioso, temos clientes que são potenciais consumidores de um produto e também os clientes têm relações entre si, como família, amizade, colegas de trabalho, etc. Assim que um cliente compra um produto, o cliente anuncia-o (de boca em boca) aos seus vizinhos da rede. Através da promoção, podemos (esperamos) aumentar a probabilidade de um cliente comprar um produto, promovendo-o junto do conjunto adequado de compradores. Assim, à semelhança da desvantagem da aquisição de rótulos, é sempre necessário comercializar para esse conjunto de compradores, na esperança de que esses clientes gostem do produto, o comprem e o sugiram aos seus vizinhos, que o poderão comprar e sugerir sucessivamente.**Fonte:** https://www.crowdflower.com/

Descrição: O Crowdsourcing / Outsourcing é empregue em vez de utilizar trabalhadores qualificados (ou estagiários) para recolher ou rotular manualmente o conhecimento, as startups também podem fazer crowdsourcing do método. Plataformas como a Amazon Mechanical Turk ou a CrowdFlower permitem a recolha de conhecimentos desordenados e incompletos com a ajuda de inúmeras pessoas na Internet. A título de exemplo, a VocalIQ (adquirida pela Apple em 2015) utilizou a Mechanical Turk da Amazon para alimentar o seu assistente digital com milhares de perguntas de utilizadores. Os empregados também podem ser subcontratados recorrendo a prestadores de serviços freelance alternativos (como foi feito pela Clara ou pelo Facebook M). A condição obrigatória para utilizar esta abordagem é que a tarefa seja claramente explicada e não seja demasiado longa ou aborrecida.

Exemplo:Sentimento marcado Conjunto de dados de frases

Resumo: O conjunto de dados contém frases marcadas com sentimentos positivos ou negativos.

Conjunto de dados Características:	Texto	Número de Instâncias:	3000	Área:	N/A
Atributo Características:	N/A	Número de Atributos:	N/A	Data Doado	2015-05-30
Tarefas associadas:	Classificação	Em falta Valores?	N/A	Número de Acessos na Web:	43256

Fonte: Dimitrios Kotzias dkotzias '@' ics.uci.edu

Informações sobre o conjunto de dados: Este conjunto de dados foi criado para o artigo 'From cluster to Individual Labels using Deep Features', Kotzias et. al,. KDD 2015.

Para cada sítio Web, existem quinhentas frases positivas e quinhentas frases negativas. Estas foram escolhidas a dedo, indiscriminadamente, para conjuntos de dados maiores de críticas. Tentámos escolher frases que tivessem uma conotação claramente positiva ou negativa; o objetivo era que não fossem escolhidas frases neutras.

Informações sobre os atributos: Os atributos são frases de texto, extraídas de críticas de mercadorias, filmes e restaurantes

9.2 Uma lista anotada de conjuntos de dados

1. Thomson Reuters

Fonte: https://financial.thomsonreuters.com

Descrição: O fluxo de notícias e o sentimento são fontes vitais de sinais na escolha quantitativa de acções e no comercialismo sistemático. No entanto, a imensa quantidades das notícias actuais e do conhecimento das redes sociais não estão estruturadas. E é difícil entender se o mercado percebe ou não as notícias como positivas ou negativas e se elas são relevantes para uma corporação. O Thomson Reuters News Analytics aborda esses desafios fornecendo uma grande quantidade de compreensão e análise abrangentes da cobertura de notícias mundiais de uma empresa, fornecendo uma visão exclusiva do nome de mercado de uma empresa para uma vantagem competitiva singular.

2. Recursos de Rada Mihalcea

Fontes: http://web.eecs.umich.edu/~mihalcea/downloads.html

Vários recursos: alinhamento entre bases de dados lexicais, relação linguística, subjetividade, sentimento.

3. Conjuntos de dados sobre emoções do Media Core @ UFL

Fonte: http://csea.phhp.ufl.edu/media.html

Descrição:

- Sistema Internacional de Imagem Afetiva (IAPS)
- International Affective Digital Sounds (IADS)

- Normas afectivas para palavras inglesas (ANEW). As Normas Afectivas para Palavras Inglesas (ANEW) fornecem um grupo de classificações emocionais normativas para uma grande variedade de palavras em inglês. Este conjunto de materiais verbais é classificado em termos de prazer, excitação e dominância para enriquecer o Sistema Internacional de Imagens Afectivas (IAPS, Lang, Bradley, & Cuthbert, 1999) e os Sons Digitais Afectivos Internacionais (IADS; Bradley & Lang, 1999), que são colecções de estímulos de imagem e som, respetivamente, que abrangem adicionalmente estas classificações afectivas.

- Normas afectivas para textos em inglês (ANET). O Affective Norms for English Text (ANET) fornece classificações normativas de emoção (prazer, excitação, dominância) para um conjunto alargado de textos temporários em inglês a serem utilizados em investigações experimentais sobre emoção e foco. A ANET está a ser desenvolvida e distribuída pelo Centro para a Emoção e o Foco (CSEA) da Universidade da Florida.

- O Manequim de Auto-Avaliação (SAM)

O Manequim de Auto-Avaliação (SAM) pode ser uma técnica de avaliação pictórica não verbal que mede diretamente o prazer, a excitação e o domínio relacionados com uma reação afectiva humana a um grande estilo de estímulos.

4. Corpus Sentube

Fonte: "Análise de sentimento de vídeos do Youtube com modelos conjuntos de texto e fala" http://ikernels-portal.disi.n.it/projects/sentube/

Descrição: O corpus do SenTube pode ser obtido para análise e funções industriais. O corpus de comentários pode ser descarregado a partir daqui (16MB). Os ficheiros de vídeo estão no mercado a pedido.

5. Corpus de emoções multiclasse do Twitter

Fonte: "Feature Specific Sentiment Analysis for Product Review" http://people.mpi-inf.mpg.de/~smukherjee/

Descrição

- Datasetl (1257 críticas de domínios completamente diferentes anotadas em duas categorias - positivas ou negativas)

- Conjunto de dados2 (3834 críticas de domínios completamente diferentes anotadas em duas categorias - positivas ou negativas)
- Conjunto de dados3 (425 críticas de três domínios anotadas em duas categorias - positivas ou negativas)

6. LoughranMcDonald

Fonte:http://provalisresearch.com/products/content-analysis-software/wordstat-dictionary/sentiment-dictionaries/

Descrição: léxico do sentimento do dinheiro

7. SentiWordNet

Fonte: http://sentiwordnet.isti.cnr.it/

Descrição: SentiWordnet [91] pode ser um recurso lexical para a extração de opiniões. A cada conjunto da WordNet [95], um recurso público do tipo tesauro no mercado, é atribuída uma das três pontuações de sentimento - positiva, negativa ou objetiva -, tendo estas pontuações sido geradas mecanicamente através de uma técnica semi-supervisionada representada em Esuli e Sebastiani.

8. Léxicos de sentimentos e emoções

Fontes: http://saifmohammad.com/WebPages/lexicons.html

Descrição:

- Inclui o NRC Word-Emotion Association Lexicon. Sentimentos: negativos, positivos Emoções: raiva, antecipação, nojo, medo, alegria, tristeza, surpresa, confiança.
- NRC Hash tag emotion Lexicon e Corpus.
- Léxico de sentimento de domínio geral MaxDiff
- NRC Hashtag Sentiment Lexicon
- Sentiment140 Lexicon
- Yelp constrói o léxico de sentimentos
- Léxico de sentimentos da Amazon
- NRC Léxico de associação palavra-cor

9. Vários corpus para a análise de sentimentos baseada em lados

Fontes: SEMEVAL 2015: http://alt.qcri.org/semeval2015/task12/

SEMEVAL 2014: http://alt.qcri.org/semeval2014/task4/

Descrição:

Ambas as tarefas têm apenas classificações pos/neg/neutro que, na nossa opinião, não são suficientes para várias aplicações. Preferíamos ver os valores contínuos completos por várias razões (incluindo a forma como os nossos anotadores trabalham), mas um mínimo de um sistema de cinco categorias (altamente_neg, neg, neutro, pos, altamente_pos) seria bom.

10. TREC-BLOG

Fonte: http://ir.dcs.gla.ac.uk/wiki/TREC-BLOG/

Descrição:

TREC 2006

No TREC 2006, tivemos a tendência de ter 2 tarefas, uma tarefa principal (recuperação de opiniões) e uma tarefa aberta. A tarefa de recuperação de opiniões centra-se num aspeto particular dos blogues: a natureza restrita de muitos blogues. A segunda tarefa foi introduzida para permitir aos participantes a oportunidade de influenciar a determinação de uma segunda tarefa aceitável para 2007 sobre aspectos alternativos dos blogues, como a natureza temporal/relacionada com eventos dos muitos blogues, ou a gravidade do spam na blogosfera.

TREC 2007

O TREC 2007 viu a adição de uma nova tarefa principal e de uma nova subtarefa, especificamente uma tarefa de destilação de diários (pesquisa de alimentos) e uma subtarefa de polaridade, juntamente com um segundo ano da tarefa de recuperação de opiniões. A subtarefa de polaridade foi extraída como uma extensão natural da tarefa de opinião e deveria representar uma tarefa relacionada com a classificação de textos, exigindo que os participantes vissem a polaridade (ou orientação) das opiniões nos documentos recuperados, especificamente se as opiniões são positivas, negativas ou mistas. A recém-introduzida tarefa de destilação de diários era uma articulação de uma tarefa de pesquisa de anúncios, em que os utilizadores gostariam de encontrar blogues (ou seja, feeds) sobre um determinado tópico, que comprariam e folheariam todos os dias.

TREC 2008

Seguindo as nossas conclusões de cada uma das pistas de diários TREC 2006 e 2007, tendemos a estruturar a pista de diários 2008 em torno de quatro tarefas:

- Tarefa de recuperação adhoc (post de blogue) de base
- Tarefa de recuperação de opiniões (posts de blogues)
- Tarefa de recuperação de opinião polarizada (post de blogue)
- Tarefa de destilação de descoberta de blogues

TREC 2009

Em 2009, o diary track introduziu um novo corpus, conhecido como Blogs08, e abordou duas novas tarefas:

- Destilação de diários facetada: uma versão muito mais refinada da tarefa de destilação de diários que aborda o lado padrão dos blogues recuperados.
- Identificação das principais histórias: Uma tarefa que aborda problemas relacionados com as notícias na blogosfera.

TREC 2010

A pista da agenda 2010 aperfeiçoa as tarefas de 2009, utilizando muitas consultas e procedimentos de apresentação em duas fases. Em especial, as duas tarefas seguintes serão novamente executadas:

- Destilação de diários facetada: uma versão refinada da tarefa de destilação de diários que aborda o lado padrão dos blogues recuperados.
- Identificação das principais histórias: Uma tarefa que aborda problemas relacionados com as notícias na blogosfera.

Tarefa de destilação de diário facetado

Antecedentes da tarefa

Os utilizadores de pesquisa de blogues normalmente gostariam de encontrar blogues. Um par de determinados tópicos que comprarão e passarão em revista todos os dias. Esta tarefa do utilizador manifesta-se mais frequentemente em 2 cenários:

• Filtragem: O utilizador subscreve uma pesquisa de continuação no seu leitor de RSS.

• Destilação: O utilizador procura blogues com um interesse central recorrente, adicionando-os assim ao seu leitor RSS.

TENDÊNCIAS FUTURAS

A parte mais importante para a análise de sentimentos no futuro tem menos a ver com a melhoria da precisão dos algoritmos, mas sim com a área de determinar onde se pode correlacionar o sentimento com o comportamento. Os utilizadores gostariam de saber de que tópicos distintos se fala no texto, quais deles são positivos e quais são negativos. Assim, suponho que haverá uma tendência para uma maior utilização de técnicas de PNL (como a análise sintáctica, a resolução de coreferências, etc.), para além dos métodos de aprendizagem automática. Há também um afastamento da análise do texto ao nível do documento/registo para o nível da entidade/faceta - o que significa que cada expressão de opinião é captada para que possamos realmente compreender as causas profundas das opiniões. Isto exige abordagens de aprendizagem automática que estão a substituir as abordagens mais tradicionais baseadas em regras. Precisamos de mudar o paradigma da análise Em vez de calcular e atribuir um valor numérico aos sentimentos, será melhor se atribuirmos um espetro de valores aos sentimentos. O sabor geral dos documentos mudará de Positivo, Neutro ou Negativo para um resultado de sentimento mais abrangente e colorido (semelhante ao humano). As ferramentas e os métodos para esta tipologia de desafios já existem e podem ser encontrados na forma da lógica difusa. Os sentimentos actuais são a chave para os acontecimentos futuros. Para que soe um pouco técnico, pode dizer-se que os sentimentos representam o "valor atual dos acontecimentos futuros". Este valor pode ter um profundo significado social, político e monetário. Pode ser a "expressão de opinião sobre uma figura pública", "opiniões expressas através de tweets antes das eleições" ou "o burburinho antes do lançamento de um filme", tudo isto pode ser uma óptima pista para o que está para vir. Por conseguinte, quando as pessoas comentam notícias actuais, a análise do sentimento pode efetivamente oferecer uma chave para prever os resultados futuros ou, pelo menos, antecipá-los melhor!

CONCLUSÃO

Este livro cobre os conhecimentos pormenorizados sobre a análise de sentimentos e a extração de opiniões. A investigação neste domínio tem sido muito ativa nos últimos anos devido a muitos problemas de investigação e a uma grande variedade de aplicações práticas. Este livro fornece uma introdução completa sobre a análise de sentimentos juntamente com os seus problemas. Foram abordadas várias aplicações. A classificação tem como objetivo decidir se uma recensão expressa um sentimento positivo, negativo ou neutro. Inclui classificações a diferentes níveis: frase, documento e caraterística. Além disso, foram explorados métodos de classificação. São apresentadas duas abordagens para a extração de características, ou seja, baseada no texto e baseada no visual, sendo que a segunda abordagem ganha mais importância. O processo completo de extração de características é discutido como a categorização de características, a seleção de características e a limpeza de características. A análise de sentimentos baseada em texto, imagens e multimodal é explorada e conclui-se que a análise de sentimentos multimodal está a tornar-se uma área de investigação mais atractiva neste domínio. Foram abordadas várias oportunidades e dificuldades da análise multimodal. Seguiu-se o tópico sobre sumarização, que inclui a sumarização de um e vários documentos, bem como abordagens de sumarização de vários documentos. A sumarização automática e os seus problemas estão a ser discutidos. A sumarização é um problema mais difícil e esta parte também é destacada. Foram impostos aspectos alternativos que têm um impacto nas redes sociais, nos indivíduos e nas organizações. Depois de ler o livro até agora, não é difícil perceber que a análise de sentimentos é um grande desafio. Depois de ler o livro até agora, não é oneroso examinar que a análise de sentimentos é incrivelmente difícil. Embora vários subproblemas sejam mencionados de ângulos totalmente diferentes. Foi atribuído muito trabalho, mas nenhum dos subproblemas foi resolvido de forma satisfatória. A nossa compreensão e os dados relativos ao problema completo e à sua resolução são ainda muito limitados. Fizemos progressos importantes na última década. Há uma necessidade real e grande no comércio de tais serviços, porque cada empresa deseja compreender, no entanto, os clientes compreendem seus produtos e serviços e as pessoas de seus concorrentes. Sinto que temos a tendência de simplesmente conduzir muitas investigações aprofundadas e criar sistemas integrados que tentem lidar com todos os subproblemas.

O nosso objetivo durante este inquérito foi esconder técnicas e abordagens que prometem modificar diretamente os sistemas de procura de informação orientados para a opinião e transmitir ao leitor uma forma do nosso entusiasmo relativamente à riqueza intelectual e à amplitude do domínio. Temos tendência a encorajar muito o leitor a exigir os numerosos desafios em aberto que se mantêm, e esperamos ter fornecido alguns recursos que se revelarão úteis a este respeito.

REFERÊNCIAS

[1] . https://en.wikipedia.org/wiki/Sentiment análise

[2] . http://inspireone.in/what-is-sentiment-analysis-and-why-do-you-need-it/

[3] R. Stagner, "The cross-out technique as a method in public opinion analysis", *The Journal of Social Psychology*, vol. 11, n.º 1, pp. 79-90, 1940.

[4] Liu, B. Sentiment analysis and opinion mining (Análise de sentimentos e extração de opiniões). *Síntese de palestras sobre tecnologias da linguagem humana*, 5(1):1-167, 2012.

[5] Dave, K., Lawrence, S., e Pennock, D. M. Mining the peanut gallery: Extração de opiniões e classificação semântica de críticas de produtos. Em *Proceedings of WWW*, página 519528. 2003.

[6] P. Burnap et al., "Tweeting the terror: modelling the social media reaction to the Woolwich terrorist attack", *Social Network Analysis and Mining*, vol. 4, n.º 1, pp. 1-14, 2014.

[7] A. Reyes e P. Rosso, "On the difficulty of automatically detecting irony: beyond a simple case of negation," *Knowledge and Information Systems*, vol. 40, no. 3, pp. 595-614, 2014.

[8] A. Hogenboom, B. Heerschop, F. Frasincar, U. Kaymak, e F. de Jong, "Multi-lingual support for lexicon-based sentiment analysis guided by semantics," *Decision support systems*, vol. 62, pp. 43-53, 2014.

[9] . B. Pang e L. Lee, "Opinion Mining and Sentiment Analysis". *Foundations and Trends in Information Retrieval* 2(1-2), pp. 1-135, 2008.

[10] . J. Wiebe, T. Wilson, R. Bruce, M. Bell e M. Martin, "Learning Subjective Language", *Computational Linguistics*, vol. 30, pp. 277-308, setembro de 2004.

[11] . B. Liu. *Sentiment Analysis and subjectivity. enchiridion of language process*, Second Edition, (editores: N. Indurkhya e F. J. Damerau), 2010.

[12] . M. Hu e B. Liu, "Mining and Summarizing client Reviews," *Actas da Conferência ACM SIGKDD sobre descoberta de informação e processamento de dados (KDD)*, pp. 168-177, 2004.

[13] Pan, S. J., Ni, X., Sun, J.-T., Yang, Q., e Chen, Z. Classificação de sentimentos entre domínios através do alinhamento de características espectrais. In *Proceedings of the 19th international conference on World wide web*, páginas 751-760. ACM, 2010.

[14] Gilad Mishne e Natalie Look. Predicting motion picture sales from blogger sentiment. *Na conferência da AAAI sobre abordagens de máquina para análise de weblogs (AAAI-CAAW)*, páginas 155-158, 2006.

[15] (http://www.tweetfeel.com).

[16] http://www.nytimes.com/interactive/us/politics/2010-twitter-candidatos.html

[17] http://www.thestocksonar.com

[18] Das, A., Bandyopadhyay, S., e Gamb "ack, B. Sentiment analysis: what's the tip user's requirement? *In Proceedings of the ordinal International Conference on net Intelligence, Mining and linguistics*, page 35. ACM, 2012

[19] Pang, B., Lee, L., e Vaithyanathan, S. Thumbs up? sentiment classification using machine learning. páginas 97-86. *Associação para a linguística, 2002. Conferência sobre estratégias empíricas no processo linguístico EMNLP.*

[20] Maas, A. L., Daly, R. E., Pham, P. T., Huang, D., Ng, A. Y., e Potts, C. Learning word vectors for sentiment analysis. *In Proceedings of the forty ninth Annual Meeting of the Association for machine Linguistics: Human Language* TechnologiesVolume um, páginas 142-150. Associação de Linguística, 2011

[22] T "ackstr "om, O. and McDonald, R. Semi-supervised latent variable models for sentence-level sentiment analysis. *In Proceedings of the forty ninth Annual Meeting of the Association for machine Linguistics: Human Language Technologies:* short papers-Volume dois, páginas 569-574. Associação de linguística, 2011.

[21] Tan, L., Na, J., Theng, Y., e Chang, K. Sentence-level sentiment polarity classification employing a linguistic approach. Bibliotecas digitais: For Cultural Heritage, information Dissemination, and Future Creation, páginas 77-87, 2011.

[23] Kim, S.-M. and Hovy, E. Automatic detection of opinion bearing words and sentences. *In Companion Volume to the continuing of the International Joint Conference on language process.* 2005.

[24] Kim, S.-M. e Hovy, E. Decidindo o sentimento das opiniões. Em COL-ING. Associação para a linguística, 2004.

[25] Liu, B. Sentiment Analysis and subjectivity. enchiridion of language process. *Chapman & amp; Hall/CRC Machine Learning & Pattern Recognition, segunda edição*, 2010.

[26] Tan, L., Na, J., Theng, Y., and Chang, K. Phrase-level sentiment polarity classification using rule-based typewritten dependencies and extra complicated phrases thought. *Journal of technology and Technology*, 27(3):650-666, 2012

[27] Tetlock, P., SAAR-TSECHANSKY, M., e Macskassy, S. quite words: Quantificar a linguagem para viver os fundamentos das empresas. The *Journal of Finance*, 63(3):1437-1467, 2008.

[28] Hu, M. e Liu, B. Exploração e resumo de críticas de clientes. *Em Proceedings of the tenth ACM SIGKDD international conference on information discovery and data processing*, páginas 168-177. ACM, 2004.

[29] Hu, M. e Liu, B. Explorando opções de opinião em avaliações de clientes. *Em Proceedings of the National Conference on AI*, páginas 755-760. Menlo Park, CA; Cambridge, MA; Londres; AAAI Press; Massachusetts Institute of Technology Press; 1999, 2004.

[30] Blair-Goldensohn, S., Hannan, K., McDonald, R., Neylon, T., Reis, G. A., e Reynar, J. Construindo um resumidor de sentimentos para revisões de serviços nativos. *In World Wide Web Workshop on human language technology within the information Explosion Era*, página 14. 2008.

[31] Chen, Z., Mukherjee, A., Liu, B., Hsu, M., Castellanos, M., e Ghosh, R. Exploiting domain information in side extraction. *Em EMNLP*, páginas 1655-1667. 2013.

[32] Thelwall, M., Buckley, K., e Paltoglou, G. Sentiment in twitter events. Journal of the yankee Society for scientific discipline and Technology, 62(2):406-418, 2011.

[33] Charniak, E. Aprendizagem da matemática aplicada. MIT press, 1996.

[34] Ding, X., Liu, B., e Yu, P. Uma abordagem holística baseada no léxico para a extração de opiniões. *Em Proceedings of the international conference on net search*

and net data processing, páginas 231-240. ACM, 2008.

[35] Allison, B. Sentiment detection using lexically-based classifiers. *Em Text, Speech and Dialogue,* páginas 21-28. Springer, 2008

[36] Tan, L., Na, J., Theng, Y., e Chang, K. Sentence-level sentiment polarity classification employing a linguistic approach. Bibliotecas digitais: For Cultural Heritage, information Dissemination, and Future Creation, páginas 77-87, 2011.

[37] Turney, P. D. Thumbs up or thumps down? orientação linguística aplicada à classificação não supervisionada de críticas. *Em Proceedings of the Annual Meeting of the Association for linguistics (ACL),* páginas 417-424. 2002.

[38] . Amitava Das et al , 2008, Topic-Based Bengali Opinion summarization, Coling 2008: Poster Volume, páginas 232-240, Pequim, agosto de 2010.

[39] . Ahmed Abbasi, etl. "Sentiment Analysis in Multiple Languages: Feature choice for Opinion Classification in net Forums" *ACM Transactions on information Systems,* Vol. 26, No. 3, Article 12, 2008.

[40] . Kobayashi N et al, Extracting Aspect-Evaluation and Aspect-of Relations in Opinion Mining, *Actas da Conferência Conjunta de 2007 sobre estratégias empíricas no processo linguístico e na aprendizagem de línguas por máquina,* pp. 1065-1074, Praga, junho de 2007.

[41] . Archak, N., Ghose, A., e Ipeirotis, P. G. 2007. Show American state the money!: etimologizar o poder de avaliação das opções de produtos através da extração de opiniões de clientes. In KDD '07: *Proceedings of the thirteenth ACM SIGKDD international conference on information discovery and data processing. ACM,* Nova Iorque, NY, EUA, 56-65.

[42] . Jeong H et al, FEROM: Feature Extraction and Refinement for Opinion Mining, *ETRI Journal,* Volume 33, Número 5, outubro de 2011.

[43] . C. C. Aggarwal e C.-X. Zhai, Mining Text knowledge, Springer, 2012.

[44] . Hu, M., e Liu, B. 2004. Mineração de opções de opinião em revisões de clientes. AAAI'04, 2004.

[45] . Luhn, H.P., a criação automática de resumos de literatura. IBM Journal of analysis and Development, 1958, pp 159-165.

[46] . C. C. Aggarwal e C.-X. Zhai, Mining Text knowledge, Springer, 2012.

[47] Das, S. R. *News Analytics: Framework, Techniques and Metrics*, capítulo 2. Wiley Finance, 2010. The Handbook of News Analytics in Finance (Manual de análise de notícias em finanças).

[48] Feinerer, I., Hornik, K., e Meyer, D. Text mining infrastructure in r. *Journal OfStatistical Software*, 25(5):1-54, 2008

[49] . Torresani, L., Szummer, M., Fitzgibbon, A.: reconhecimento económico de classes de objectos utilizando classemes. In: Daniilidis, K., Maragos, P., Paragios, N. (eds.) ECCV 2010, Parte I. LNCS, vol. 6311, pp. 776-789. Springer, Heidelberg (2010)

[50] . Yu, F., Cao, L., Feris, R., Smith, J., Chang, S.F.: Planeamento de atributos de nível de categoria para reconhecimento visual discriminativo. In: CVPR (2013).

[51] . Borth, D., Ji, R., Chen, T., Breuel, T., Chang, S.F.: Ontologia e detectores de sentimentos visuais em grande escala utilizando pares de adjectivos e substantivos. In: ACM millimetre (2013).

[52] . Riloff, E., Wiebe, J., &Wilson, T. (2003). Aprendizagem de substantivos subjectivos usando bootstrapping de padrões de extração. *Actas da Sétima Conferência sobre Aprendizagem de Línguas (CoNLL-2003)*.

[53] . Turney, P. D. 2002. Thumbs up or thumbs down? linguistics orientation applied to unsupervised classification of reviews, *In Proceedings of the fortieth Annual conferences of the Association for linguistics*, Philadelphia, Pennsylvania, 417-424.

[54] . P. D. Turney e M. L. Littman, "Measuring praise and criticism: Inference of linguistics orientation from association," *ACM Transactions on information Systems (TOIS)*, vol. 21, pp. 315-346, 2003.

[55] . R. Agrawal e R. Srikant. Algoritmos rápidos para a extração de regras de associação. *Proc. 20th Int. Conf. terribly massive knowledge Bases, VLDB,* 1215:487-499, 1994.

[56] . Zhang H, Yu Z, XU M, Shi Y, Feature-level Sentiment Analysis for Chinese Product Reviews, IEEE, 2011.

[57] . Liu, B., Hsu, W., Ma, Y. 1998. integração Classificação e Mineração de Regras de Associação. KDD-98, 1998.

[58] . F. Beil, M. Ester, X. Xu. Frequent term-based text cluster, Conferência ACM KDD, 2002. 49. Y.-B. Liu, J.-R. Cai, J. Yin, A. W.-C. Fu. cluster Text knowledge Streams, Journal of technology and Technology, Vol. 23(1), pp. 112-128, 2008.

[59] . Opinion-Based Entity Ranking, Ganesan, Kavita A., and ZhaiChengXiang , information Retrieval, Volume 15, Issue 2, (2012)

[60] . Liu, B., Hu, M., Cheng, J.: Observador de opiniões: análise e comparação de opiniões na rede. Em: {www|World Wide net|WWW|web|computer network} '05: Proceedings of the ordinal international conference on World Wide Web, Nova Iorque, NY, EUA, ACM (2005) 342-351

[61] . Zhang, W., et al. Weakness Finder: Encontrar os pontos fracos dos produtos a partir de críticas chinesas, utilizando a análise de sentimentos baseada em aspectos. *Expert Systems with Applications (2012)*, http://dx.doi.org/10.1016/j.eswa.2012.02.166.

[62] . Asghar, M. Zubair, et al. "Abordagem Sistemática para a Redução do Esforço de Manutenção Correctiva de Software". (2011).

[63] . Wang, Bo., Houfeng Wang. Bootstrapping both Product Features and Opinion Words from Chinese Customer Reviews with Cross-Inducing *In Proceedings of IJCNLP* 2008.

[64] . Hu, M., e Liu, B. 2004. Mineração de opções de opinião em revisões de clientes. AAAI'04, 2004. 10. D. K. Ly, K. Sugiyama, L. Ziheng, e M.-Y. Kan. Product Review summarization from a Deeper Perspective. *In Proc. of the eleventh CM/IEEE Joint Conference on Digital LibrariesJCDL 2011),* pages 311-314, 2011.

[65] . Somprasertsri, G., &Lalitrojwong, P. (2008). Extração automática de características de produtos a partir de análises de produtos on-line utilizando a maior parte da entropia com opções lexicais e sintácticas. *Na Conferência Internacional do IEEE sobre utilização e integração de informações*, Las Vegas, 250-255.

[66] . Zhang S et al, Product options Extraction and Categorization in Chinese Reviews, ICCGI 2011: *The Sixth International Multi-Conference on Computing within the world information Technology.*

[67] . H. Zhang, Z. Yu, M. Xu, & Y. Shi. Análise de sentimento ao nível das

características para análises de produtos chineses. *Na terceira Conferência Internacional sobre análise e desenvolvimento de portáteis,* páginas 135-140, Xangai, 2011.

[68] . D. K. Ly, K. Sugiyama, L. Ziheng, e M.-Y. Kan. Product Review Summarization from a Deeper Perspective (Sumarização de resenhas de produtos a partir de uma perspetiva mais profunda). *In Proc. of the 11th CM/IEEE Joint Conference on Digital Libraries (JCDL 2011),* pages 311-314, 2011.

[69] . Programa informático Stanford Dependency http://nlp.stanford.edu/software/lex-parser.shtml

[70] . Z. Dong e Q. Dong. HowNet e também a computação desse meio. World Scientific, 2006. 15. Wang, Bo. e Houfeng Wang. Bootstrapping each Product options and Opinion Words from Chinese client Reviews with CrossInducing *In Proceedings of IJCNLP* 2008.

[71] . Wang, Bo., Houfeng Wang. Bootstrapping both Product Features and Opinion Words from Chinese Customer Reviews with Cross-Inducing *In Proceedings of IJCNLP* 2008.

[72] . L. Zhang, S.H. Lim, B. Liu, e E. O'Brien-Strain. Extração e classificação de opções de produtos em documentos de opinião. Actas do COLING. 2010.

[73] . Xu B et al, Product options Mining supported Conditional Random Fields Model, Proceedings of the Ninth International Conference on Machine Learning and informationrmatics, Qingdao, 11-14 Gregorian calendar month 2010.

[74] . Hadano Masashi, Kazutaka Shimada, e Tsutomu Endo. Identificação de aspectos de frases de sentimento utilizando um algoritmo de agrupamento (em japonês). *Em Actas do FIT 2010.*

[75] . Jeong H et al, FEROM: Extração e refinamento de características para a extração de opiniões, ETRI Journal, Volume 33, Número 5, outubro de 2011

[76] . Wei, W., Liu, H., He, J., Yang, H., Du, X.: Extraindo palavras de caraterística e de opinião de forma eficaz a partir de comentários de produtos chineses. In: Proceedings of the 2008 Fifth International Conference on Fuzzy Systems and information Discovery, vol. 4,pp. 170-174 (2008).

[77]] A. Abbasi, et al., "Selecting Attributes for Sentiment Classification using Feature Relation Networks", *IEEE Transactions on information and knowledge Engineering,* vol. 23, pp. 447-462, 2011.

[78] . Y. Lu, C. Zhai, e N. Sundaresan. Sumarização de comentários curtos no lado classificado. *In Proceedings of the18th international conference on World wide net,* páginas 131-140, Madrid, Espanha, 2009, ACM.

[79] . Ahmed Abbasi, etl. "Sentiment Analysis in Multiple Languages: Feature choice for Opinion Classification in net Forums" *ACM Transactions on information Systems,* Vol. 26, No. 3, Article 12, 2008.

[80] R. Quirk, S. Greenbaum, G. Leech, J. Svartvik, e D. Crystal.A comprehensive grammar of the English language, volume 397. Cambridge Univ Press, 1985.

[81] B. Pang e L. Lee.Opinion mining and sentiment analysis. Foundations and trends in information retrieval, volume 2(1-2):pages 1-135, Jan. 2008. ISSN 1554-0669.

[82] P. D. Turney. Thumbs up or thumbs down?: orientação semântica aplicada à classificação não supervisionada de críticas. *Em Proceedings of the 40th Annual Meeting on Association for Computational Linguistics, ACL* '02, páginas 417424, Stroudsburg, PA, EUA, 2002. Associação para a Linguística Computacional.

[83] R. Socher, J. Pennington, E. H. Huang, A. Y. Ng e C. D. Manning. Autoencoders recursivos semi-supervisionados para prever distribuições de sentimentos. *In Proceedings of the Conference on Empirical Methods in Natural Language Processing, EMNLP* '11, páginas 151-161, Stroudsburg, PA, EUA, 2011. Associação para a Linguística Computacional, ISBN 978-1- 937284-11-4.

[84] A.-M. Popescu e O. Etzioni.Extrair características e opiniões de produtos a partir de críticas. *Em Proceedings of the conference on Human Language Technology and Empirical Methods in Natural Language Processing,* HLT '05, páginas 339-346, Stroudsburg, PA, EUA, 2005. Associação para a Linguística Computacional.

[85] M. Abdul-Mageed, M. Diab e M. Korayem. Análise da subjetividade e do sentimento do árabe padrão moderno. *Em Proceedings of the 49th Annual Meeting of the Association for Computational Linguistics*: Human Language Technologies: short papers, volume 2 de HLT '11, páginas 587-591, Stroudsburg, PA, EUA, 2011.

Associação para a Linguística Computacional, ISBN 978-1932432-88-6.

[85]Donglin Cao, RongrongJi, Dazhen Lin &Shaozi Li, "Visual sentiment topic model based microblog image sentiment analysis" Publicado em: *Ferramentas e Aplicações Multimédia* agosto de 2016, Volume 75, Edição 15, pp 8955-8968

[86] A. Java, X. Song, T. Finin e B. Tseng. Why We Twitter: Understanding Microblogging Usage and Communities. In Proceedings of the 9th WebKDD and 1st SNA-KDD 2007 Workshop on Web Mining and Social Network Analysis, WebKDD/SNA-KDD '07, pages 56{65, 2007.

[87] R. Jain e P. Sinha. Content Without Context is Meaningless (Conteúdo sem contexto não tem sentido). *Em Proceedings of the 18th ACM International Conference on Multimedia,* MM '10, páginas 1259{1268, 2010.

[88] M. S. Vohra e J. Teraiya, "Applications and challenges for sentiment analysis: A survey", *em International Journal of Engineering Research and Technology, 2013*.

[89] V. D. Bhat, V. S. Deshpande, e R. Sugandhi, "A Multimodal Sentiment Analysis Scheme to Detect Hidden Sentiments", 2014.

[90] S. Fulse, R. Sugandhi, e A. Mahajan, "A Survey on Multimodal Sentiment Analysis," *in International Journal of Engineering Research and Technology,* 2014.

[91] K. Ravi e V. Ravi, "A survey on opinion mining and sentiment analysis: Tasks, approaches and applications," Knowledge-Based Systems, vol. 89, pp. 14-46, 2015.

[92] W. Medhat, A. Hassan e H. Korashy, "Algoritmos e aplicações de análise de sentimentos: A survey", Ain Shams Engineering Journal, vol. 5, pp. 10931113, 2014.

[93] S. Marjan, "A Survey for Multimodal Sentiment Analysis Methods", In Int.J.Computer Technology & Applications, vol. 5, pp. 1470-1476, 2014.

[94] O. Appel, F. Chiclana, e J. Carter, "Main Concepts, State of the Art and Future Research Questions in Sentiment Analysis," Ata Polytechnica Hungarica, vol. 12, pp. 87-108, 2015.

[95] D. Osimo e F. Mureddu, "Research challenge on opinion mining and sentiment analysis," Universite de Paris-Sud, Laboratoire LIMSI-CNRS, Bâtiment, vol. 508, 2012.

[96] H. Joho, et al., "Looking at the viewer: analysing facial activity to detect personal

highlights of multimedia system contents", em Multimed Tools Appl © Springer Science+Business Media, vol. 51, pp. 505- 523, 2011.

[97] J. Ahn, et al., "Conveying period Ambivalent Emotions throughAsymmetric Facial Expressions", em Springer-Verlag BerlinHeidelberg, pp. 122-133, 2012.

[98] J. Dumoulin, et al., "Affect Recognition during a Realistic motion pictureDataset using aHierarchical Approach", in ASM'15, ACM, pp.15-20, 2015.

[99] D. Dupplaw, et al., "Living Knowledge: A Platform and Testbedfor reality and Opinion Extraction from Multimodal Data", inSpringer-Verlag Berlin Heidelberg, pp. 100-115, 2012.

[100] T. Chen, et al., "Object-Based Visual Sentiment ConceptAnalysisand Application", em MM'14, ACM, 2014, pp. 367-376.

[101] C. Baecchi, T. Uricchio, M. Bertini, e A. Del Bimbo, "Amultimodal feature learning approach for sentiment analysis ofsocial network multimedia system," multimedia system Tools and Applications,vol. 75, pp. 2507-2525, 2016.

[102] S. Leeman-Munk, "Two Modes are higher Than One:AMultimodal Assessment FrameworkIntegrating Student Writingand Drawing", em C. Conati et al. (Eds.): AIED 2015, LNAI 9112,Springer International empresa comercial Svizzera, pp. 205-215, 2015.

[103] S. Poria, E. Cambria, N. Howard, G.-B. Huang, e A. Hussain, "Fusing audio, visual and matter clues for sentiment analysis frommultimodal content," Neurocomputing, vol. 174, pp. 50-59, 2016.

[104] B. Siddiquie, D. Chisholm, e A. Divakaran, "Exploiting Multimodal have an effect on and linguistics to spot Politically PersuasiveWeb Videos," in Proceedings of the 2015 ACM on InternationalConference on Multimodal Interaction, 2015, pp. 203-210.

[105] S. Poria, A. Hussain, e E. Cambria, "Beyond text primarily based sentiment analysis: Towards multi-modal systems," University ofStirling, Stirling FK9 4LA, UK, Tech. Rep, 2013.

[106] H. R. Pereira, et al., "Multimodal Sentiment Analysis forAutomatic Estimationof Polarity Tension of TV News inTVNewscasts Videos", Webmedia '15,

ACM , 2015. pp. 157-160.

[107] F. Liu, et al., "Multimodal Learning primarily based Approaches for LinkPrediction in Social Networks", Springer International commercial enterprise Suíça, pp. 123-133, 2015.

[108] D. Maynard, D. Dupplaw, e J. Hare, "Multimodal sentimentanalysis of social media," 2013.

[109] S. Rho, S.Yeo, "Bridging the linguistics gap in multimedia systememotion/moodrecognition for present computing environment",Springer Journal of Supercomputing, vol. 65. pp. 274-286, 2013.

[110] S. Zhao, H. Yao, S. Zhao, X. Jiang, e X. Jiang, "Multi-modal microblog classification via multi-task learning," multimedia system Tools and Applications, pp. 1-18, 2014.

[111] Y. Wang, S. Wang, J. Tang, H. Liu, e B. Li, "Unsupervised sentiment analysis for social media pictures," *in Proceedings of the Twenty-Fourth International Joint Conference on Artificial Intelligence, IJCAI* 2015, Buenos Aires, Argentina, 2015, pp. 2378-2379.

[112] D. Maynard e J. Hare, "Entity-Based Opinion Mining from Text and multimedia system", *em Advances in Social Media Analysis*, ed: Springer, 2015, pp. 65-86.

[113] R. Ji, D. Cao, Y. Zhou e F. Chen, "Survey of visual sentiment prediction for social media analysis", Frontiers of laptop Science, pp. 110,2016.

[114] H. Saif, F. J. Ortega, M. Fernández, e I. Cantador, "Sentiment Analysis in Social Streams," 2016.

[115] R. Panda, et al., "Reconhecimento de emoções musicais multimodais: um novo conjunto de dados, metodologia e análise comparativa", *em 10th Conferência internacional sobre investigação multidisciplinar de música para computadores portáteis* - CMMR'2013, 2013.

[116] E. Cambria, N. Howard, J. Hsu, e A. Hussain, "Sentic blending: Scalable multimodal fusion for the continual interpretation of semantics and sentics," *in machine Intelligence for human Intelligence (CIHLI),* 2013 IEEE conference on, 2013, pp. 108-117.

[117] C. Langlet e C. Clavel, "Adapting sentiment analysis to face-toface human-agent interactions: from the detection to the analysis issues", em Affective Computing and Intelligent Interaction (ACII), 2015 International Conference on, 2015, pp. 14-20.

[118] A. Zadeh, R. Zellers, E. Pincus, e L.-P. Morency, "MOSI: Corpus multimodal de intensidade de sentimento e análise de subjetividade em vídeos de opinião on-line", arXiv preprint arXiv:1606.06259, 2016.

[119] B. Schuller, J.-G. Ganascia, e L. Devillers, "Multimodal Sentiment Analysis within the Wild: moral concerns on knowledge Collection, Annotation, and Exploitation."

[120] S. K. Yadav, M. Bhushan e S. Gupta, "Multimodal sentiment analysis: Sentiment analysis using audiovisual format," *in Computing for Sustainable Global Development (INDIACom), 2015 2nd International Conference on*, 2015, pp. 1415-1419.

[121] Seyed-Ali Bahrainian, Andreas Dengel, "Sentiment Analysis and Summarization of Twitter Data", 2013 IEEE 16th International Conference on Computational Science and Engineering, 2013

[122] Radev, D.R., H. Jing, M. Sty e D. Tam, 2004. Resumo baseado em centróides de vários documentos. Inf. Process. Manage., 40: 919-938. DOI: 10.1016/j.ipm.2003.10.006

[123] Ganesan, K., C. Zhai e J. Han, 2010. Opinosis: Uma abordagem baseada em grafos para a sumarização abstractiva de opiniões altamente redundantes. Actas da 23.ª Conferência Internacional sobre Linguística Computacional (ICCL '10), Associação de Linguística Computacional, Stroudsburg, EUA, pp: 1408/

[124] Dragomir R. Radev, Sasha Blair-Goldensohn e Zhu Zhang (2001), "Experiments in single and multi document summarization using MEAD", First Document Understanding Conference, New Orleans, LA, EUA.

[125] . Bossard, A. e C. Rodrigues, 2011. Combinação de um sistema de sumarização atualizado multi-documento - cbseas - com um algoritmo genético. Universidade de Paris.

[126] Erkan, G. e D.R. Radev, 2004b. LexRank: Graphbased lexical centrality as

salience in text summarization. *J. Artifi. Intelli. Res.*, 22: 457-479.

[127] . Harabagiu, S.M. e F. Lacatusu, 2010. Utilização de temas de tópicos para a sumarização de multidocumentos. *J. ACM Trans. Informationrm. Syst.*, 28: 47-47. DOI: 10.1145/1777432.1777436

[128] . Wan, X. e J. Yang, 2008. Multi-Document Summarization Using Cluster-Based Link Analysis. *Actas da 31ª Conferência Internacional Anual ACM SIGIR sobre Investigação e Desenvolvimento em Recuperação de Informação*, 20-24 de julho, ACM, Nova Iorque, EUA, pp: 906. ISBN: 978-1-60558164-4.

[129] Zajic, D., Dorr, B.J., Lin, J. e Schwartz, R. Multicandidate reduction: A compressão de frases como ferramenta para tarefas de resumo de documentos. *Information Processing and Management* 43, (2007), 1549-1570.

[130] Dang, H. e Owczarzak, K. 2008. Visão geral da tarefa de sumarização da atualização do TAC 2008. *Em: Actas da Conferência de Análise de Texto, TAC* 2008, Gaithersburg.

[131] Dang, H.T.: Visão geral do DUC 2006. *Em: Actas do* Workshop de Compreensão de Documentos *HLT- NAACL* 2006.

[132] Theresa Omodunbi e Abimbola Soriyan (2012): Sumarização e apresentação de páginas multiWeb usando Pairwise Bipartite Graph. *Actas da 4ª Conferência Internacional Anual sobre TIC para África, Kampala*, 21 a 24 de março, pp. 241 - 242, Uganda.

[133] Lyman, R. L. "Summary of Investigations Relating to Grammar, Language, and Composition (janeiro de 1929 a janeiro de 1931). II'. *The Elementary School Journal,* (1932), 352-363.

[134] Schriver, K. A., 1989. Avaliação da qualidade do texto: The continuum from textfocused to reader-focused methods. *Professional Communication, IEEE Transactions on 32* (4), 238-255

[135] http://www.pewinternet.org/2016/12/19/online-reviews/

[136] . https://results2day.com.au/social-media-sentiment-analysis-2/

[137] Hassenzahl, M. 2003. "A coisa e eu: Understanding the Relationship between User and Product", em Funology: From Usability to Enjoyment, M. Blythe, C.

Overbeeke, A. F. Monk e P. C. Wright (eds.), Kluwer Academic Publishers: Norwell, MA.

[138] https://arxiv.org/pdf/1509.07612.pdf

More
Books!

Printed by Books on Demand GmbH, Norderstedt / Germany